中华先贤人物故事汇

王 维

霍丽婕 著

中华书局

图书在版编目（CIP）数据

王维/霍丽婕著. —北京：中华书局，2020.11（2025.7重印）
（中华先贤人物故事汇）
ISBN 978-7-101-14731-5

Ⅰ.王… Ⅱ.霍… Ⅲ.王维（699~759）-生平事迹
Ⅳ.K825.6

中国版本图书馆 CIP 数据核字（2020）第 167406 号

书　　名　王　维
著　　者　霍丽婕
丛 书 名　中华先贤人物故事汇
责任编辑　董邦冠
美术总监　张　旺
封面绘画　张　旺
内文插图　顾梦迪
责任印制　管　斌
出版发行　中华书局
　　　　　（北京市丰台区太平桥西里 38 号　100073）
　　　　　http://www.zhbc.com.cn
　　　　　E-mail：zhbc@zhbc.com.cn
印　　刷　三河市宏达印刷有限公司
版　　次　2020 年 11 月第 1 版
　　　　　2025 年 7 月第 9 次印刷
规　　格　开本/787×1092 毫米　1/32
　　　　　印张 4⅜　插页 2　字数 50 千字
印　　数　21001-23000 册
国际书号　ISBN 978-7-101-14731-5
定　　价　20.00 元

出版说明

孔子周游列国，创立儒家学说；张骞出使西域，开辟丝绸之路；书圣王羲之，留下了曲水流觞的佳话；诗仙李白，写下了"举头望明月，低头思故乡"的名篇；王安石为纠正时弊，推行变法；李时珍广集博采，躬亲实践，编撰医药学名著《本草纲目》……

这些杰出的历史人物，有的是在中华民族文明进程中做出过突出贡献、对后世产生过巨大影响的思想家、政治家，有的是对中华优秀传统文化的传承传播发挥过重大作用的文学家、艺术家、科学家，有的是为国家安定统一、民族融合团结和中外文化交流做出过杰出贡献的军事家、外交家……他们为中华民族的繁荣发展做出了伟大的贡献，他们的行为事迹、风范品格为当世楷模，并垂范后世。

他们是中华民族的先贤人物。他们的思想、品德、事迹，是中华优秀传统文化的结晶。他们的故事，是对中华民族的禀赋、特点和气质最生动、最鲜活的阐释。他们的名字，在五千年中华文明史上最为光彩夺目。他们为五千年中华文明史书写了最为光辉灿烂的篇章。

为了解先贤，走近先贤，我们精心组织编写了这套《中华先贤人物故事汇》丛书。以详实可靠的史料为依据，以细腻动人的故事为载体，真实地呈现中华先贤人物的事迹、品格和精神风貌，彰显他们的贡献和功绩，以激发人们对国家民族的热爱，对中华文明、中华优秀传统文化的崇敬。

开卷有益，期待这套丛书成为你的良师益友。

目 录

导　读

　　王维（701—761，一说699—761），字摩诘，盛唐时期著名诗人，河东蒲州猗氏县（今山西运城临猗）人，祖籍太原祁县，晚年官尚书右丞，世称"王右丞"。

　　王维很小便工诗善画，博学多才，相传九岁便属辞作诗，十五岁时离乡赴京求取功名，二十一岁进士及第。在长安的那些年，王维一直是贵戚王侯的座上客，交游十分广泛。

　　作为盛唐山水诗的巨擘，王维上承大、小谢（谢灵运、谢朓），下开韦、柳（韦应物、柳宗元），与孟浩然合称王孟。王维工于音律，诗画双绝，开青绿山水之先。苏轼评价王维说："味摩诘之诗,诗中有画;观摩诘之画,画中有诗。"因其深厚的绘画底蕴,王维山水诗中的设色、构图颇为讲究,寓情于景,浑融自然,不着痕迹,如《终南山》《终南别业》《汉江临眺》等山水诗,"不着一字,尽得风流"。

王维年少及第,官太乐丞,因"舞黄狮子"之祸而外放济州,一生际遇跌宕起伏,曾出使塞外,也曾入岭南知南选。在人生的后半段,经历了张九龄罢相、长安陷落等打击之后,王维出世之心日盛,于蓝田辋川别业半官半隐,隐居之作出世之气愈浓,往往透露出静照独往、清空寂灭之感。

王维是唐代成就最高的诗人之一,也是盛唐山水田园诗人群体中的代表,有着极高的诗歌艺术成就,开创了山水诗情景交融、自然写意的审美意趣,在中国诗歌史上留下了不可忽视的一笔。

初入长安

　　旭日初升，金色的阳光，照耀着长安城的一片繁华。

　　十五岁的少年王维背着行囊，带着对长安的无限向往，对未来的美好憧憬，朝气十足地踏进了长安城正东的春明门。

　　穿过春明门一路行去，便能看到兴庆宫的宫墙，这一片建筑巍峨迤逦，气势磅礴，展现着唐王朝的恢弘气度。

　　王维心中带着强烈的赞叹与感慨之情，沿着兴庆宫的宫墙往下走，走了不多时，便到了长安城的东市。

　　王维从东市北门而入，已到了开市的时候，霎

十五岁的少年王维，朝气十足地走进了长安城。

时间鼓声咚咚，足足敲了三百下，东市的各商行、店家渐次热闹起来。

走进东市，一派大唐盛世景象，便在少年王维的眼前，仿佛一幅画徐徐展开。

东市之内，沿街的肉行、麸行门口人来人往，络绎不绝，金银行里陈列着大唐各地乃至波斯、大食的奇珍异宝，丝帛行里的沙罗、披帛、半臂锦华美艳丽，汤饼店里的索饼、不托散发出诱人的香气，东北角的放生池里，游鱼穿梭于水中。

少年王维走在这繁华热闹的街市上，看着什么都觉得新奇，不由地东看看、西看看，满是少年意气，但充满好奇心的王维，注意力还是很快被一家门庭相对冷落的书肆吸引。

书肆里安静清雅，一进入其内，便仿佛立刻与外面的热闹隔绝开来，一卷卷书籍引得王维驻足而观。

书肆里人不多，观书之际，身边一个身着白色襦衫的青年，引起了王维的注意，二人便因着眼前的一部《文选》，攀谈起来。

交谈之下，王维得知青年名唤綦毋（Qí wú）

潜，字孝通，虔州（今江西赣州）人，来到长安城是为了参加科考。

綦毋潜得知王维自少年时起便喜爱赋诗，于是想要一观王维诗作。王维谦逊地推辞了一番，拗不过，从怀里拿出一张薄笺递与綦毋潜，上面写着自己新作的五律《过始皇墓》。綦毋潜见了这首诗，忍不住吟咏讽诵，赞叹不绝。

"'星辰七曜隔，河汉九泉开'，这样大开大阖之笔，如星落九天，君之诗才，实在高绝！"綦毋潜言语之间，尽是赞叹之情。

王维谦逊地笑道："维入长安时，路过始皇墓，见古墓苍松，想着英伟如始皇，一统天下，如今也只剩下了一抔黄土，不禁生出一些感慨，一时兴至之作而已，綦毋兄谬赞了！"

綦毋潜见王维年少才高，却没有骄矜之态，意气相投，遂引为知己。二人一起离开书肆，到附近的酒肆边饮边谈。

綦毋潜斟了一杯虾蟆陵的郎官清递给王维，道："尝尝，这郎官清是长安城有名的好酒，滋味醇厚。"

王维喝了一口，不由赞道："果然是好酒！"

綦毋潜笑了笑，又给王维添了些酒，然后问道："摩诘（王维的字）此来长安城，有何打算？"

"尚未有所筹谋，维尚且年少，如今离家，只想着见识下长安的诗礼繁华罢了。"王维的眼中闪动着少年人才有的光芒。

綦毋潜点点头，笑道："那摩诘现下到了长安城，觉得如何？"

王维端着酒杯，轻轻晃着，遥看着酒肆外人头攒动的街市，道："天子之都，皇皇帝京，大唐风物，会聚在此，左太冲（左思）所言'皓天舒白日，灵景耀神州'，便是如此了吧。"

"这长安城，不光风物繁华，也是风云际会的地方，摩诘如许高才，必定能够得到士人之识，即使平交王侯，也不是没有可能。"綦毋潜说得兴起，满饮一杯郎官清，颇有期许的意思。

王维摇摇头道："维不过蒲州布衣而已，能遇到綦毋兄这样的朋友，便已是维的幸运了！"

"能遇到摩诘，也是潜的幸运！"綦毋潜不禁大笑，边说边饮下一杯酒，"不过，我不会看错，以摩诘的高才，很快便会名满京城！"

王维笑着推辞，不敢承綦毋潜的赞誉。两人又谈了些汉魏晋宋、丹青宫商之类，酒逢知己，分外投契。

从酒肆出来，喝得志得意满，二人便结伴而行，穿街过巷，从喧闹的东市穿过，出了东市西门，走到了觥筹交错、宴饮升平的平康坊，坊里酒气飘飘，丝竹之声不绝于耳。

穿过平康坊，一路往南，便到了崇贤坊。在綦毋潜的安排之下，王维暂时落脚在崇贤坊的邸店里，安顿了下来。

一转眼便是三四年光景，王维独在长安，凭着诗才，果然如綦毋潜所说，结识了不少朋友，其中甚至有不少王侯贵胄，如岐王李范、宁王李宪等都对王维十分礼遇。

然而朋友虽多，繁华虽盛，孤身在长安闯荡的王维，也会生出"独在异乡为异客，每逢佳节倍思亲"的感慨，直到弟弟王缙也来到长安。

"夏卿！"再次见到弟弟，王维的内心充满激动之情，一杯郎官清，早已不是初到长安时的少年滋味，而是漂泊日久、重逢之时的深情。

　　"阿兄！长安城果然繁华，咱们兄弟在此一起闯出一片天地来！"王缙干了杯中的酒，兄弟二人相视而笑。

《郁轮袍》曲

　　初春的长安城乍暖还寒，柳见新绿，曲江池畔行人如织。

　　宽阔笔直的朱雀大街贯穿南北，分列两侧的东、西两市一派繁华，沿街商铺林立，会集了大唐以及西域各地的珍奇。

　　西市的酒肆里，胡姬临街迎客，三勒浆的酒香满溢而出，丝帛行、衣肆里各色袍衫罗裙琳琅满目，各种杂耍、戏法引得众人围观；东市的毕罗肆里，刚刚出炉的樱桃毕罗、蟹黄毕罗散发着诱人的香味，街边的胡饼摊上，焦黄的胡饼也冒着腾腾热气。

　　王维身着素净的白襕袍衫，头戴幅巾，与王缙在东市缓步而行，他们边走边看，心下赞叹着长安城的繁华盛景。

"兄长，府试将近，我听闻参试的举子大都找了推荐人，咱们也没个门路，这可如何是好？"王缙边走边担忧地问道。

王维气定神闲地走着，看着大街上的新奇玩意，毫无愁意。

"想要出人头地，靠的是真才实学，其余的事，又何必担忧？"说着，王维被前面的一家笔行吸引，快步上前，驻足观赏精美的鸡距笔。

"可是，我昨日听闻，咱们隔壁的那个张九皋，论才学，远不如兄长，但已经打通了关系。"王缙追上前去，继续分说。

王维摆弄着鸡距笔，爱不释手，对于王缙所说的话，依然没有太大反应："科举取士，选拔人才，以才学为准，子曰：'不义而富且贵，于我如浮云。'再说，道听途说，未必是真。"

"兄长的才学自然不虚，但是若有主荐的人，会更加稳妥。若是因为没人推荐，埋没兄长你一身才学，不能一展抱负，为国分忧，这岂不是天大的遗憾?"

这次,王维没有立刻作声,而是沉思起来。王缙见兄长有所触动,拿过王维手中的鸡距笔,接着说道:"就比如这鸡距笔,要在这长安城的名店里,才能有人赏识,挥毫文字,成就功业。它原就是上好的笔,未曾以次充好。"王缙顿了顿,摸摸下巴,"只不过……"

"只不过什么?"王维听得心下动容,追问道。

"只不过我们无亲眷故旧,就是想要自荐,又往哪里找门路呢?"王缙说道。

王维淡定自若,胸有成竹地道:"夏卿你此话说得倒是在理,行卷靠的也是真才实学,既是靠本事,又何需有亲眷故旧?"

王缙面露喜色,道:"兄长这是有了主意?"

王维笑而不语,出了店门继续向前走,王缙也匆忙放下鸡距笔,跟了上去。

东市的行人愈来愈多,叫卖声不绝于耳,愈发热闹了,鱼行的伙计刚运到几大篓子活蹦乱跳的时鲜河鱼,生铁行那边红星迸溅。王维与王缙兄弟二人在愈发密集的人群中穿行,步伐反而轻快了许多。

穿过东市一路向北，二人便到了毗邻皇城的安兴坊。到了安兴坊，行人渐渐少了，安兴坊南门以东，坐落着一片宅邸，朱红色的大门上一对大环钮，上面镶着一对金兽，大门外放置着红色的行马，阻挡行人通过，非常气派。

"岐王宅？兄长是想干谒岐王？"王缙猜测着，王维却依然只是笑着，不置可否。王维兄弟二人经门房通报，在府里管事的带领之下，穿过前院，到达主院，进入主人家的书房之中。

岐王李范见到王维兄弟二人十分高兴，放下书卷，引着二人到几案前，僮仆上了新采的紫阳茶。

王维兄弟二人恭敬行礼道："维兄弟二人蒙殿下青睐照顾，心下甚是感激。"

岐王对王维也是颇为殷切礼待，说道："摩诘此话岂不见外？说来，我近日读你的《李陵咏》，果真是慷慨之音，颇有汉魏高古之意啊！"

此时茶釜中的水已初沸，鱼目般的细小水泡在茶釜中微微泛起，侍者取了些茶盐细细撒入茶汤之中。

"殿下过誉了，维追摹晋宋尚未敢说有得，岂敢窃比汉魏。"王维十分谦逊，令岐王愈加欣赏。

"摩诘也忒谦虚，你的《桃源行》就颇有些靖节先生（陶渊明）的风致，难得，实在难得啊！"岐王脸上的肯定之情愈发明显。

王缙见这二人谈论起了诗作，唯恐耽搁了正事，上前道："岐王殿下既然如此欣赏我家兄长的诗作，不知过几日……"

王缙的话还没有说完，岐王就心领神会地笑了，但是并不去接王缙的话，反而拿着书笺问王维："好一句'深衷欲有报，投躯未能死。引领望子卿，非君谁相理'，看来摩诘也有报国之怀，但不知谁是摩诘眼中相知的苏武？"

王维淡然一笑，深深一揖，道："维不过是为古人叹息罢了。"

岐王笑道："李少卿（李陵）尚有太史公为其仗义执言，也需苏子卿（苏武）与他相知以慰，何况是卿？府试将近，摩诘可有打算？"

王缙听到岐王此语正中下怀，道："殿下所言甚是，我和兄长正是为此而来！"

王维不禁小声提醒王缙，叫他不要多言。

岐王却完全不以为意，爽朗地笑道："夏卿果然直爽，不过我做这个主荐人还是少些分量，但做个引见倒是尚可，保证为摩诘找一个合适的主荐人！"

王缙好奇地问道："殿下说的这个主荐人是谁？竟然比殿下的分量还重？"

水已二沸，茶釜边缘如涌泉般腾起跳跃的水泡，侍者小心翼翼地盛出了一瓢沸水，随即用专用的竹筴在釜中轻轻搅动，又投入些许茶末，茶釜中瞬间漾起汤花。侍者将茶釜中的茶汤分入茶盏之中，分送与三人。

岐王接过茶盏，神秘地笑笑："到时候你们便知道了。今日回去，摩诘可预备下平日的十篇诗文，到时还需摩诘听我的安排才好。"王维也接过侍者递来的茶盏，行礼道："但凭殿下安排。"

王维回到住处，便伏在案前，梳理平日诗作。草虫唧啾，月光洒在屋子里的几案、绳床上，也洒在毫无倦意、依然沉浸于诗文的王维身上。

五日后的夜晚，彤云影深，月上飞霜，玉真公主的别馆里热闹非常，一队队乐者伶人手执乐器装扮着，在别馆内穿梭往来，一阵阵丝竹之声在院落中袅娜飘散。

别馆的中堂里，灯烛高张，宾客满堂。几案上摆着各种精致的宫廷食馔，红绫饼、月儿羹、玉露团、水晶龙凤糕、鹿肉煎酪，令人垂涎欲滴。博山炉里的兜娄香带来些许异域风情，却寒帘在婉转的乐声中轻轻摇动，帘后的六合屏上，却依稀映着当今皇帝李隆基的妹妹玉真公主的倩影。

几曲下来，公主有些意兴阑珊，宫廷乐师的技艺无可指摘，但演奏的每每是些听厌了的曲调。夜色渐深，玉真公主听得倦了，起身便要离开。

正在公主转身之际，一声琵琶铮然响起，公主立即停下了脚步。四座皆静，似乎都在静静聆听，紧接着，琵琶转了个调，婉转悠扬，犹如轻语低诉，直通人心。

玉真公主就静静地站在那里，闭目凝神，细细听来，嘴角扬起会心的微笑，仿佛随着琵琶之音，时而身在云霄之上，时而潜入静水之渊。琵琶声转，如珠落玉碎，如水流风过，一时风急雨密，俄而风住雨停。

一曲终了，公主由衷地赞叹了一声，拍了拍手，缓步走出屏风之外。只见玉真公主长身玉立，身着绣金襦衫，长裙曳地，肩上搭着绯罗蹙金飞凤背子，脚着翘头高履。

明亮的灯烛照耀之下，公主头上的步摇、珠翠在长乐髻上闪着微光，长安最时新的桃花妆衬得公主容光动人，一对却月眉斜插云鬓，两道斜红愈显华美。

"这曲子，却是从来没有听过的。"公主看着面前拿着琵琶、伶人打扮的儒雅青年，问道，"这是你新度的曲吗？倒是别致动人。"

青年从容大方，风姿俊秀，没有一点局促，行礼回道："公主果然是知音之人，此曲名曰《郁轮袍》，乃是不才刚度的新曲。"

玉真公主奇道："你是哪家的乐工，我怎么不曾见过？此曲天然婉转，岂会是无名之辈所为？"

岐王此时从席间站起，走到玉真公主身边道："怎会无名，这位可是长安新晋的诗才王维王摩诘。"

玉真公主听闻，忍不住一声惊叹："'春窗曙灭九微火，九微片片飞花琐'，如此妙句，我前些日子还时常涵泳，直觉妙不胜言，原来竟乃君之所作！"

王维放下琵琶，谦逊道："雕虫篆刻之工，不足道哉。"

岐王笑笑，带着几分戏谑，对玉真公主道："我们这位大诗家的'雕虫'之作，还带了十数篇来，都是还未见世的新作！"

玉真公主立时来了兴致。她叫左右伶人继续奏乐起舞，宾客继续饮宴，自己却叫人带着王维换了士人襦衫，转到中堂旁的清净之室，接过王维带来的十数篇诗稿，认真地赏读起来。

"如此清词妙句，你如何拈来！"玉真公主看着王维的新诗手稿，爱不释手。

岐王见时机已到，便对玉真公主道："摩诘如此俊才，如若埋没不闻，岂非大唐的损失？他如今要去参加府试，却缺一主荐之人，持盈（玉真公主的号）可有怜才之意？"

玉真公主的目光还在王维的诗稿之上流转，眼神中透露出难以遮掩的喜悦，说着话，眼睛却仍不离诗稿，说道："那是自然，这样的高才，纵然没有你我，也必然会高中。只恐怕有人埋没良才，我便做这个主荐之人，才能心安！"

王维听得玉真公主的话，心下动容，道："维一定不负此番看重，当倾尽所学，一展抱负，以报殿下与公主的知遇之恩。"

夜深月落，筵席散尽，余音却经久未散，寂静的庭院之中，仿佛还回荡着王维动人的琵琶声。

太乐之音

  与玉真公主会面后不久，府试开科，王维以一篇《赋得清如玉壶冰》深得主考官赞赏，一举拔得头筹，同时也因为一曲《郁轮袍》，名动长安城。王维还来不及过多欣喜，便已转头准备起接下来的进士科考试。

  王维科考顺利，可好友綦毋潜却黯然落第，无奈之下，只得落寞离开长安。

  黄昏的长安城，暗红的云压在天边，微微带着些夜幕降临前的紫色。

  王维与綦毋潜在灞桥驿置酒对饮，二人对坐，就像在长安城初相见时一样，只不过那个时候，两个年轻人脸上都带着踌躇满志的意气，满怀对未来的期冀和希望，而此刻，两个人脸上却是离别的伤感。

"是离开的时候了。"綦毋潜落寞地斟了一杯西市腔，无奈地笑笑。他饮下杯中之酒，脸上浮现出苦涩的神情。

王维的神色也并不轻松，他端起酒盏陪了一杯，道："綦毋兄才思敏捷，志在高远，不过一时潜龙在渊，日后定会有一番作为的。"

綦毋潜笑了笑，收起苦涩，道："不错，来，我再敬你一杯，希望再见时，你我都能有所作为。摩诘你府试夺魁，乘胜而往，明年的科考也定然没有问题，祝一切顺遂！"说完便仰头干了杯中之酒，颇有些豪迈之气。

"今日一别，盼能早日与君再相聚。维也祝綦毋兄一切顺遂！"王维也满饮杯中酒，眼中是难以掩饰的离愁别绪。

二人上了驿路，王维恋恋不舍，送出了很久。

"回去吧，再晚就该赶上宵禁了，咱们必定会有再见之时的！"綦毋潜笑着冲王维挥挥手，下定了决心，转头就走，唯恐略一迟缓，就再也难以离开。

王维伫立良久，望着好友离开的背影，看着河水悠悠，吟道："置酒临长道，同心与我违。行当浮桂棹，未几拂荆扉。远树带行客，孤村当落晖。吾谋适不用，勿谓知音稀。"

送别了綦毋潜，王维颇有些伤怀，但是科考将近，也只得收拾心情，带着朋友的希冀和自己的理想，继续昼夜读书，准备应考。

第二年，王维不负期望，进士及第，授官为太乐丞。

清晨的长安城别有一种风致，东西两市都还没有开市，街上行人尚少。王缙同王维一起走在宽阔的朱雀大街上，清风徐来，耳旁鸟鸣啁啾。

"阿兄进士及第，我替你欢喜，不过这太乐署的太乐丞还是太清闲了些。"王缙心直口快，替兄长王维鸣不平。

王维却是带着心满意足的笑容，道："音乐与人心治乱息息相关，圣人继位以来便对此道极为重视，为兄能任此职，正是心之所向。"

"阿兄你倒是想得开，不过说来也是，按照惯例，一般举子进士及第，要守选三年，方能授官，阿兄能即刻上任，倒是值得庆贺！"王缙的神色也欢喜了许多，笑着道。

王维摇摇头道："圣人如此信任，更需小心谨慎了。"

说话间，二人已经沿着朱雀大街走到了朱雀门附近，过了朱雀门便是皇城范围，太常寺、鸿胪寺、太庙和大社便在朱雀门内，王缙不便一同进入，便与王维道了别，离开了。

王维入得太乐署，太乐令刘贶早已身着官服，在官署等候，八名乐正与八名典事在旁边列队，众乐工各执丝竹管弦，迎候王维上任。

王维在雅正的乐声中，依礼参拜太乐署最高长官太乐令刘贶，并随即见过一众同僚。

"维初入太乐署，初出茅庐，尚有诸多不明之处，望太乐令及各位同僚不吝指教。"王维向众人行礼，恭敬地说道。

刘贶扶住王维，友善地笑了笑，道："摩诘精通音律，我等都早有耳闻，如今进士高中，真乃俊才，我太乐署得摩诘这样的高才，乃是幸事。日后太乐署的大小事情，你我需勠力同心才是。"

"维自当倾尽全力，不敢有所懈怠。"王维正色回应。刘贶满意地笑笑，点点头。随后众人各归其位，王维也开始了在太乐署的工作。

王维本就精通音律，在太乐署正能发挥所长。他日日沉浸在太乐之音中，度曲，辨曲，为唐王朝的雅乐传承尽献其力，在音乐上的才能也愈发显现。

这天正值休沐之日，王维正在家中度曲，一位文士忽然来访。王维为人随和好客，在长安城内也是遍交友朋，见有人来访，便热情地将对方迎了进来。

文士向王维唱喏之后，小心翼翼地拿出来一幅《按乐图》，纸张有些泛黄破损，上面的曲子已难以辨识。文士解释道，因王维身居太乐丞之职，在音乐上的造诣人尽皆知，因此特来向王维请教。

王维听得原委，小心地将卷子接了过来，仔细端详，细看揣摩之下，脸上忽地浮现出了些许惊诧的神色，之后又转而为喜。

"此物，阁下从何得来？"王维努力克制着，声音里却依然带出十分明显的兴奋。

文士看着王维的反应，有些纳闷，讷讷地回道："此乃无意间所得之物，但看着有些玄机，却无人能勘破，您看如何？"

王维的目光久久地停留在卷子上，说道："此图所载的乐曲，正是《霓裳羽衣曲》第三叠的初拍！"

文士听闻此言，慌忙摇头道："这不过是无意间所得，怎会竟是《霓裳》之曲？"

王维见他不信，奉了一碗茶汤，自己回房取来了琵琶，调好了弦，便按着《按乐图》上的曲谱铮铮地弹了起来。

琵琶声起，如仙乐风飘，泠泠入心，令人听着仿佛上了九天云霄，飘飘然不似人间。文士听得心醉不已，琵琶声停了，还仿佛身坠梦中，良久才回过神来。他缓缓起身，向着王维深深一揖。

"世人都说太乐丞的音乐通神，某还不敢轻信，以为世人夸大其词，今日听到您的琵琶之音，果真是仙乐啊！"文士的脸上兀自一副难以置信的表情，显然还没有完全从方才的乐声中缓过神来。

王维笑道："不是维的功劳，都是因为图上所载

王维的目光久久停留在卷子上，说："这正是《霓裳羽衣曲》第三叠的初拍！"

的《霓裳》曲精妙之极！"

"如此说来，这真的是《霓裳》曲第三叠初拍？"文士还在将信将疑，直到王维反复和他确认，才敢相信，心悦诚服地离开。

从此，王维的音乐才能更加广为人知。他不仅精通雅乐，更可以自度曲调，加上见识广博，一时间人人称道，太乐令及诸乐工也对王维推崇备至。

王维与诸王交好，其中玄宗的兄长宁王李宪尤其对王维另眼相待，时常邀请王维到府上做客，作诗品乐，颇为礼待。

这天，宁王又邀请王维到府上参加宴饮。王府的中堂之上，长几旁坐着众宾客，几案上摆着八仙盘、羊皮花丝、过门香等各种精致的食馔，筵席上还有伶人奏乐助兴。

宁王坐在主位，旁边坐着一位美丽的妇人。

妇人身着紫色长裙，肩上搭着披帛，简单挽了个侧髻，蛾眉淡扫，略施粉黛，却别有一种自然风韵，清丽动人。令人诧异的是，她的眼睛里却总是似有若无地流露出几丝忧伤。

宁王瞥见妇人的神情，颇有些不悦，对着众

宾客便道："左近糕饼店有个饼师，手艺极高，什么千里碎香饼、云头对炉饼都做得极为精致可口。诸位现下所食糕饼便出自其手，想不想见见他？"

在座诸人原本对饼师并没有兴趣，但是宁王既然这样问了，又不敢扫兴，便纷纷应和，表示很想见一见饼师本人。随着众人的附和，妇人的神色愈发紧张了。

宁王借着众人的附和，将饼师召了进来。饼师进得中堂，便向着宁王下跪行礼，但始终低着眉眼，不敢抬头，然而宁王身边的那位美妇人，眼光却一直情不自禁地在饼师的身上流转。

宁王压制着心中愤懑，问妇人道："你如此目光不离，可是还想着他？"

妇人似乎也没有料到宁王竟会这样直接问询，身子微微一震，默默无语，却悄然落下泪来。看到这副情景，满座凄然。

诸客大多猜出了情由。原来这美貌妇人竟然是那位饼师的妻子，却被宁王以权势夺了过来，如今夫妻二人在宴席上相见，一个坐在宁王身边，一个跪在中堂之上。众人虽然动容唏嘘，却也不敢多说什么。

　　宁王见众人都默不作声，心思又是一转，便教人上了笔墨纸砚，命在座诸客就此情景，各赋诗一首，实则是想看看众人对此事的看法。

　　诸客自然也都明白宁王的用意，同情者有之，凄恻者有之，但大家都不敢明言，面对着纸笔，迟迟未动，或是涂涂抹抹，或是假意修改，却没人敢献上诗作。

　　而王维秉笔，顷刻间便写成一首，第一个递交给了宁王。

　　不等宁王将诗读完，王维便兀自起身，吟诵起来："莫以今时宠，宁忘昔日恩。看花满眼泪，不共楚王言。"

　　王维这首诗用了一个典故。春秋时，楚国灭了息国，楚王抢夺了息国君主的妻子息夫人。息夫人为楚王生了两个儿子，却从来不和楚王说一句话。楚王问她原因，息夫人说："我一个女子，伺候两个丈夫，虽不能去死，可又有什么话可说。"

　　王维此诗直言不讳，颇为大胆，一经吟出，四座哗然，议论纷纷。饼师的妻子看着王维，泪眼中带着感激的笑意。

宁王勃然大怒，拍案而起，道："岂有此理，你竟敢讽刺本王！"

王维毫无惧色，不卑不亢地回道："殿下息怒，维不过是秉笔直言。维相信殿下既令诸客畅所欲言，便愿听尽忠之言。维见殿下之失，若不敢直言，才是陷殿下于不义。殿下睿智，定不会责怪维忠言直谏。"

宁王的神色有所缓和，他正了正身子，又瞟了一眼身边的妇人，语气也稍稍柔和了一些，命王维继续讲。

王维行礼，继续道："维也相信，殿下既有如此胸襟让饼师夫妇二人在此相聚，定是有意成全。饼师的妻子若全不念故人之恩，那么她的品德不堪侍奉殿下左右；但如果她心念故人，便是无心于殿下。无论无德或是无心，殿下都没必要留在身边，不如尊重她的意愿。"

"巧舌如簧，你如此说，无非是想让我成全他二人罢了。"宁王还在强撑，语气却已经有了松动。

"成人之美，君子之德，殿下有这样的胸襟，定会传为美谈，舍一无用之人，而得一千古美名，何乐而不为呢？"王维侃侃而谈，没有丝毫惧意，饼师与妇人都暗自投来感激的目光。

宁王听到此处，忽然哈哈大笑："好个王摩诘，我平日只知道你是诗画双绝，音律通神，没想到竟然还是个辩才。你话已至此，我如果还不应允，岂不是不通情理。"

王维见宁王松了口，微微一笑，不疾不徐地提醒饼师与妇人："二位还不谢过殿下的成全之义。"

饼师与妇人这才反应过来，齐齐叩谢宁王之恩，如此这般，宁王便再也无法反悔。宁王心里知道王维狡黠之处，却也无可奈何，再加上平日里素来与王维友善，今日又见他这样机敏，心里也颇为惜才，便也不再计较。

"罢了罢了，你二人莫要谢我，要谢便谢太乐丞吧。"说罢，宁王便佯装不适，离了中堂而去。

宁王离开，众宾客方敢开口，纷纷称赞王维勇决，饼师更是携着妻子向王维行下大礼，感激不已。王维扶起二人，也笑着离开了。

"舞黄狮子"之祸

    时光流转，王维任太乐丞已将近一年，太乐署的事务王维已经驾轻就熟，他在音乐方面的造诣，人品的高洁，众人有口皆碑。

    然而，就在王维在太乐署兢兢业业做着分内之职的时候，平静的生活却忽然起了变故。

    这天，王维正在家中药栏旁闭目静坐，忽然来了一队官员，不请而入，直接进了院中。

    王缙十分警惕，见状便迎了上去，眼神中充满戒备。而王维却似乎心中已有所预料，他缓缓地睁开眼睛，走到几位官员面前，十分客气地道："可否容维稍作收拾，便随诸位走，绝不会让诸位为难。"

为首的官员倒是通情达理，听王维这样说，便也点点头。王维转身进到屋中，王缙见状也跟了进去，焦急而不解地问道："阿兄，外面这些人……到底是怎么回事？"

王维一边收拾随身物品，一边平静地说道："我也不确定，但恐怕与岐王昨日在太乐署观看舞狮之事有关。"

"舞狮？这又如何？这不是太乐署常有的事吗？"王缙一脸茫然，完全摸不着头脑。

王维收拾停当，一边向门外走去，一边叹息着道："此事一时半刻也说不清楚，但是此次恐怕难以善了。"

"竟如此严重？"王缙一脸不可置信，跟着兄长走了出去，但看王维心中有数，也不好再强行阻拦，只得关照了几句，便看着王维与几位官员一同离开。

王维走后，王缙感到此事非同小可，既然如此，唯有先往岐王处探听明白，才好做打算。于是王缙备了名刺，动身赶往兴化坊岐王李范宅上。

穿街过坊，一路疾行，不多时，王缙便已赶

到了岐王宅前，气喘吁吁地将名刺递与门房。王维、王缙两兄弟与岐王素来交好，经常是岐王府的座上客，门房自然也识得王缙，见他这样焦急，便收了名刺引着他穿堂过院，一路到了岐王的书房。

岐王正在书房里喝茶，一旁的几案上，茶铛里兀自冒着热气，茶香氤氲。

岐王脸上兀自带着些红晕，见到王缙进来，神色有些慌张，试探着问道："夏卿，你一早便来我府上，可是……出了什么事情？"

王缙没有注意到岐王的神色，急急地说道："岐王殿下，方才我兄长被人请了去，兄长临走时似乎提到了舞狮之事，不知殿下您是否知情，若是知情，还请您务必想想办法才是啊！"

"竟然……这么快！"岐王一脸懊悔，脸上的红晕愈发明显起来。

王缙见岐王的样子，似乎刚刚醒酒，便问道："殿下您昨晚醉了酒？"

"正是，这祸事便由此而来了！"岐王一脸懊恼，右手扶额，一脸悔不当初的痛苦神色，然后稍稍平复了下，引着王缙在几案前落座。

王缙却没有心思坐下，着急地问道："此事耽搁不得，到底是什么祸事，请殿下说个明白才是！"

"夏卿你先听我说，再做打算。"说罢岐王着人给王缙倒了杯新煎的茶汤，将昨天的事说与王缙。

原来，前一天晚上，太乐署正在排演兴庆宫的宴飨之乐。岐王因素来与王维交好，又雅好音乐，自从王维任职太乐丞以来，时常来太乐署看乐工排演。这一天他又来观看。因为是常客，大家也没有在意，向岐王行礼问好后，便继续排演。

月已初上，疏星数点，太乐署的排演处雅乐飘飘，回荡不绝，一派皇家气象。岐王坐在席上，神色间却有些异常，眉毛渐渐越皱越深。

"停！"岐王突然出声，乐声戛然而止。

太乐令刘觋见状慌忙上前，恭敬地行了个礼，询问道："殿下，不知下官等所奏之乐，有何不妥之处，还请殿下指点！"

岐王的脸上有些微红，声音高亢地道："这等音乐，太过寡淡，无趣，真是无趣！"

"这……殿下，这是太乐署专门为雅宴排演的音乐，雅乐之音，自然是如此，但此曲高妙，乃是摩诘亲自度曲。"刘贶不敢直接反驳岐王的话，因为向来知道岐王与王维私交甚好，所以这样说。

岐王却似浑然不懂他的意思，继续开口："无趣便是无趣，无论是谁度的曲，也是无趣，本王不要听这样的曲子！"

王维见岐王全然不像平日，又听他说话间带着明显的醉意，便上前悄声在他耳边道："殿下，您醉了。"

"本王没醉，本王不过是晚膳时小酌了一杯，清醒得很！"岐王的语气更不正常了。

但众人毕竟不敢得罪一位亲王，刘贶见岐王如此，看了王维一眼，又继续恭敬地问道："敢问殿下想听什么曲子？"

岐王眉眼间的醉意愈发地浓了，笑了笑，高声道："这便对了！不过曲子听得多了，无论哪般都无趣，本王想看舞狮！快，教人安排起来！"

刘贶与王维，以及身边的几位乐正、典事交换了下眼色，互相点点头，最终吩咐下去，让太乐署

王维悄声在岐王的耳边道："殿下，您醉了。"

的伶人寻来舞狮的道具和服装。岐王的要求，太乐署的这些官员实在不敢违抗。

伶人装扮好了，随即鼓点响起，四位舞狮伶人顶着狮子在台上亮了个相，便开始随着鼓点上下翻飞，交错舞动，众乐工也配合着舞狮，演奏起了欢快的曲子，一时间，太乐署的排演台上一派热闹。

岐王这才心满意足地大笑起来，拍着手不住地叫好，甚至随着曲子打起了拍子。狮子舞到最高潮处，岐王却眉毛一皱，又突然叫了停。

"这狮子甚是看不惯眼，是了！这狮子颜色不对，狮子该是黄色才是，你们这是哄弄本王，本王要看舞黄狮子！"这话一出，在场的人不禁骇然，个个面面相觑，惊得几乎说不出话来。

刘贶吓得当场便跪，大声疾呼道："殿下，这可使不得，使不得啊！黄狮子乃天子专属，臣等不敢僭越！"

黄色是天子之色，纵然是皇亲贵胄也不能使用，这是大忌。但是此刻岐王醉意朦胧，早把这些抛到脑后，听刘贶这样说，竟然猛地站起来，怒道："你这小小的太乐令，竟然敢不听本王之令，我不过是在私下里叫你舞一舞罢了，又无旁人，刘贶小儿你是不是看本王不起！"

刘贶吓得不轻，连连摇头道："不敢不敢！"

众人也无法确定岐王究竟醉到何种程度，刘贶犹豫再三，又看了看一脸怒色的岐王，终于还是转身对身旁的乐正道："叫他们换了黄狮子来！"

乐正面露难色，正在犹豫，王维走过来，对刘贶道："黄狮子乃是天子专享，虽是私下所为，但也有僭越之嫌。此事非同小可，一旦问罪下来，今日在场之人恐有性命之忧！"

王维说的道理，刘贶又岂能不知道，但他心存侥幸，觉得只要不走漏风声，僭越之罪或可躲过，而现下若不听岐王的命令，当下便无法交代过去，横竖是获罪，只得先顾眼前了。

"摩诘所说，我又怎会不知，但岐王如此坚持，你我微末小官又如何违逆得了？摩诘你平日里虽与岐王交好，但毕竟身份有别，殿下之命，你我皆无可奈何啊！"说罢，刘贶一脸痛苦地向左右吩咐，伶人们只得又退下，换了黄色的狮子，再次登台。

夜色已临，天空中明月高悬，太乐署的排演台上，灯烛高张，四位伶人身着黄狮子的服装，在夜色中，灯烛照耀下，明晃晃地格外扎眼。

鼓点再次响起，四位伶人和着鼓点，腾挪翻转，跳跃舞动，众乐工也配合着伶人狮子舞的动作，奏起欢快的乐曲。

夜色渐深，酒意愈发不可收拾的岐王一脸兴奋，对着这一场舞狮表演高声叫好，而一旁的刘贶以及几位乐正、典事都战战兢兢，一副大难临头的样子，鼓点敲一下，他们的身体便跟着震一下。

王维身为太乐丞，终究是没有拦阻的权力，但是在一旁看着这一切的他，心里却很明白，此事绝不会善了。

"殿下糊涂啊！"王缙听了岐王的讲述，忍不住站起身来，拍着腿不住地叹息。

岐王也是一脸追悔莫及，说道："本王也知道，此事是本王之失，犯了天子禁忌，闯了大祸，连累了摩诘！"

"僭越天子服色，这可是大罪！重者性命不保啊！殿下，这次我阿兄恐怕要被你害苦了！"王缙的担忧之情溢于言表，岐王心下愧疚，也不计较他的失态，只是连连致歉。

"祸由本王引起，夏卿放心，本王这便入大明宫，与圣人说明此事！"岐王说着便起身，不敢丝毫耽搁，径自往宫中去了。

王缙心下稍宽，心知自己此时贸然行事，反而会给兄长招来麻烦，所以也不敢擅自行动，只好耐住性子，回到家中，等待结果。

一等便是一整天，直等到月上中天，仍不见兄长归来，王缙独自一个人在前院来回踱步，望着大门，焦急不堪。

正在心焦如焚之际，大门忽地"吱呀"一声打开了，王缙眯着眼睛看去，借着月光，看到了王维的身影。

"阿兄！"王缙喜不自胜，激动地快步上前，关切地问道："舞黄狮子之事，如何了？"

"外放济州，任司仓参军。"王维神情复杂，说了这几个字便走进了屋子。

王缙一脸担忧地跟了上去，问道："就这么决定了？外放？岐王殿下不是与圣人分说此事了吗？"

王维轻轻点头，默默地开始收拾行装，回道：

"若不是岐王殿下，恐怕此事便不是外放可以解决的了。"

王缙心中也明白此事的严重性，也不再追问，只是叹了口气，问道："那阿兄何时离京去济州赴任？"

"便在这几日了。济州风光不错，这样说不定也是件好事。"王维的回答很简单，他不想让王缙担心，故意说得云淡风轻。

但是王缙知道离京意味着什么，兄长这几年在长安城的努力，在一夕之间，因为舞黄狮子之事，尽数付之东流。

"阿兄这些年的苦读，以及这一年在太乐署的兢兢业业，便如此不作数了吗？"王缙实在为兄长感到不平，无法抑制内心的愤懑，脱口而出。

王维微微一笑，却也不禁露出一丝苦涩的神情："微官易得罪，古来如此。从十五岁来长安城到如今，科考得中，授官太乐丞，一路顺遂，已是朝廷眷顾之恩，而今也合该体味下失意的滋味。"

王缙还想再说些什么，但是他也知道，僭越之罪，能全身而退，已是法外开恩了，其他的再说也是于事无补，只会让兄长更加伤感，所以也不再多说，只是默默无语。

数日之后的一个晌午，王维辞别了长安城中的故友，启程赶赴济州任上。王缙一路相送，直送到春明门。

出了春明门，王维不禁驻足，望着长安城的一片繁华，回想起初到长安城之时的踌躇满志，心中百感交集。

几年前的自己，带着对未来的无限期冀，孤身一人来到这充满了希望的长安城，那个时候，望着熙熙攘攘的人群，站在长安城热闹的街市中，有无限的少年豪情，心中也有无限憧憬。

后来，也是在这里，送别了落第还乡的綦毋潜，原本还盼望着在长安重聚，如今自己也不过任官一年便要离开。人生的际遇，云聚云散，时起时落，实在难以预测。

感慨了一番之后，王维挥手告别王缙，踏上了外任之路。

穷边徇微禄

王维乘坐着马车，离开长安城，向东出了潼关，再向东，便到了陕州。一路风尘仆仆，舟车劳顿，王维决定在陕州河北县（今山西平陆）休整几日。

接到外任的命令后，王维便忙着准备行装，而后即是一路奔波，还未来得及仔细整理思绪。

辞别之情，官场蹭蹬之意，王维心中不是没有，只是其中的滋味，也只有在深夜人静之时，纷乱芜杂地萦绕心间，却无人诉说。到了河北县，终于有了时间少作喘息，种种愁绪方才浮上心头。

王维登上河北县城楼，极目远望，正是薄暮之时，落日余晖映照着这座偏僻的小城，城里住户不多，稀稀落落，远处的天空云雾缭绕，夕阳从云层中透出些许暖橘色的光。

王维站在楼头，远眺着孤城落日，往日长安城里的一切，仿佛一场华丽的梦，历历在目，却又那么遥远。梦碎成空，眼前唯有野树村郭。

十数年苦读，数年科考求仕之路，太乐署的尽职尽责，一夕获罪，便瞬间随风飘散，如梦如幻。几天前还在长安城之中与友朋相叙，转眼间便已身在远途，孤身一人。王维心中升起一种莫名而强烈的不真实感，感叹着人生的无常。

伫立远眺间，天色越来越暗，一群飞鸟趁着最后一点夕阳残照，呼啦一片飞向远处，归于林间。夕阳完全隐没，暮色笼罩大地，岸边的渔火星星点点，朦朦胧胧，连成一片。

王维望着眼前之景，心境更是孤寂，飞鸟渔人都有归处，而自己却只能一路辗转，去到陌生的偏远之地，远离家乡，也远离渐渐熟悉起来的长安城，亲朋不在，前路不明，想到这里，他的心情也随着暮色愈来愈沉。

此去济州，水远山长，心中虽然伤感，但路却还要继续走，王维轻息一声，慨叹了一番"寂寥天地暮，心与广川闲"，便收拾心情，下了城楼，往宿处去了。

离开陕州河北县之后，王维经由渑池过东都洛阳，而后到了郑州（今河南荥阳、新郑一带），一路心情郁郁。

到了郑州，王维借住在农家，见田父荷锄而归，村童在细雨之中牧牛放羊，一派恬静的田园景象，内心稍稍得到了些许安慰。

又到黄昏，王维站在茅屋前，望着田园景色闲坐出神。外放以来，王维在羁旅行役的路上，偶有闲暇，就会这样出神，僮仆看得实在担忧，便忍不住上前询问。

"您可是还在为外放的事情伤怀？"僮仆关切地问道。

王维摇摇头道："外放为官，已经是圣人宽宥了，没什么可伤怀的，只是思念夏卿与长安故友罢了。"

僮仆的心思没有那么多，天真地道："说不定，咱们在济州待不了多长时间，就又被召回去了，也未可知！"

王维笑而不答，他心里知道，事情自然不会如僮仆所说，但也不愿直接打破这个幻想，只是默默地转过头去，继续看着附近的田野。仲夏的微风吹过，夏虫声声，泥燕绕梁，倒也惬意，但王维脑海里还是不断浮现出在长安城与诸友相聚，欢饮唱和、秉烛夜游的画面。

"明当渡京水，昨晚犹金谷。此去欲何言，穷边徇微禄。"长安已远，未来更不可期，王维一声长叹。

翌日一早，天刚蒙蒙亮，王维与僮仆便已动身，赶到河边，天色将曙，云霞伴着疏星挂在天边，一叶小舟停在岸旁。

王维与僮仆上了船，船家划动船桨，河水荡起一圈圈波纹，船缓缓地向着荥阳去了。

借着晨光，站在船头的王维低头望着水面清波，偶尔抬头看两岸青山连连向后退去，心头别是一种滋味。

水路行程缓慢，一路蜿蜒曲折，过了许多时日方才到荥泽。船近荥泽，水面渐窄，水上与岸边都渐渐繁华热闹起来。

站在船头的王维，心中别是一番滋味。

附近来往船只颇多，许多渔人商贾在船上便做起了买卖，新鲜的河鱼乱跳乱蹦，叫卖声不绝于耳，十分热闹。

岸边的村落里传来了鸡鸣犬吠之声，岸上人来人往，市井之气渐浓。这里不同于长安的繁华喧闹，偏僻而安宁，颇有些世外桃源之感。

王维一路舟车劳顿，但见到这样的景象，内心不觉畅快了不少，脸上的神情也轻松了许多。

任期将近，王维也不敢多做耽搁，少作歇息，便继续由水路前行，船很快便到了汴州（今河南开封）。离开汴州，继续向东，一路迤逦而行，终于到了贬所济州（今山东东阿西），一个偏远的水乡。王维到达时，已经到了深秋，落叶飘零，寒风萧瑟。

王维稍作休整，便去拜见济州刺史裴耀卿。裴耀卿也听过王维的诗名画艺，对王维十分礼遇。王维虽是因事获罪外放，裴耀卿却还是在官所安排了接待。

王维到官所依礼拜见："维蒙圣人之恩，得任济州司仓参军，从今而后在您麾下，必当尽忠职守，不负恩禄。"

裴耀卿很是热情，没什么架子，笑着扶起王维，拉到身前说道："摩诘言重了，你的大名，我虽远在这济州边地，却也有所耳闻，只是难为摩诘高才，却要在我这偏僻之地任职，只恐怠慢了你！"

王维听裴耀卿如此说，心下不安，连连推辞道："刺史如此说便是折煞维了。济州风光秀丽，在您治下，四境皆安，民风淳朴，能在此任职，是维的幸运！"

裴耀卿哈哈大笑，连连摇头。二人寒暄过后，王维便即赴司仓参军任所报到，从此在济州安顿了下来。

济州司仓参军之职颇为闲散。王维在任上尽心职守，不过着实没什么一展所长的机会，倒是济州及周边的山山水水，给了他许多创作灵感。王维在济州很快结交了不少朋友。他与济州当地的贤良之士如崔录事、郑公、霍公等往来，诗酒唱和，赋诗相赠。

王维受母亲影响，从小便笃信佛教，此前一直努力仕进，而今获罪外放，反而有了时间，可以参禅悟道。王维在济州也常与僧道往来，酬唱不绝，济州治下东阿县有一座崇梵寺，王维时常到访，与寺中僧人交谈论道，携手同游。

济州的山水涤荡了王维内心不少痛苦，与济州乡贤僧侣的交往唱和，也冲淡了王维内心不少悲伤。王维在安排妥当之后还接来了家眷，但尽管如此，他的眉间依然常常带着忧虑之色，心中的愁绪难以化解，只得寄情于济州的山水之间，他在青山绿水之中，思虑着未来，怀念着多年未见的朋友。

日月流转，转眼间四个年头过去了，在济州的日子平静而寂寥，波澜不惊地过着，王维倒是也渐渐习惯了，但是对往日的唏嘘、对旧友的思念依然时时萦绕心头，挥之不去。

又是一年冬来。一场大雪，王维的院子便尽换银装，枝头、屋顶都是一片洁白，冬日的早晨，阳光照进来，映在积雪之上，明晃晃的，让人心里也仿佛多了几分明亮。

正在济州家中研读佛理的王维，忽闻有人叩门。原本以为是霍公、郑公等好友前来寻他小聚，也不甚在意。一开门，见到来人，王维却愣住了，立在原地，半晌才反应过来。

来人见王维这副模样，笑了起来："怎么，这么多年没见，乍一见到我，吓着了？哈哈！"

此人名唤祖咏，家里排行第三，身边相熟的人便都唤他作祖三。祖咏是王维少时的至交好友，两人相交近二十年，后来各自奔忙，便见得越来越少，王维身在贬所这四年，更是无缘相见。如今祖咏忽然来访，王维的内心自然欢喜，但乍一见到，恍惚间仿若梦中。

王维犹自一脸怔忡，问道："祖三？真是你吗？"

祖咏笑得愈发开怀了，戏谑着道："不是我，哪个还能来这穷乡僻壤特地看你？"

"你，怎么会跑到这里来了？我前一阵子才听夏卿说你刚中了进士。"

祖咏的脸被冻得有些红，他拂了拂身上的雪，笑容却十分温暖，道："你这消息倒是灵通，刚中了进士不假，这不就外放上任去了吗。我一想，正好路过你这里，便特地过来看看！"

王维也跟着笑起来，阳光照在他脸上，显得格外灿烂："咱们有多少年没见了，有四年了吧？"

祖咏一边往院子里张望一边道："那可不，不过你确定不请我进去再说吗？"

他这么一说，王维才反应过来，看看祖咏冻得通红的脸，有些不好意思："我这是见到你太高兴了，一时竟都忘了，快，快进来！"

王维让僮仆将门口的马拉进来拴在院子里，一边说着话一边拉着祖咏进屋，又招呼家人置酒招待。酒酣之际，一对好友尽诉心曲。

祖咏当天便想离开，然而一向尊重朋友的王维，这次却说什么也不肯放他走，定要留他。

王维拿着酒杯，一边劝饮一边道："我在这里多年寂寥，你我难得相聚，无论如何也要再多留些光景才是！"

祖咏推辞道："摩诘啊，我又何尝不想留下来与你多叙叙旧，但是任期将近，朝廷之命在身，我也无可奈何啊！"

微醺之际，王维揶揄起对方来："咱们从小的交情，你这一朝要去高就，便连留宿一晚的时间都没有了？"

祖咏见实在是无法推辞，只好又饮下一杯酒，大笑道："你这是无论如何也不能放我走了，也罢，这一别也不知何时才能再见，既然来了，你我便多聚上一聚！"

王维这才心满意足，又敬了祖咏一杯，两个人继续谈笑不绝。

当天晚上，两个数年未见的好友抵足夜谈，王维对祖咏诉说着分别之后的际遇，诉说着自己内心的苦闷和孤独，也诉说着对好友的思念之情。

相聚的光阴总是格外短暂，祖咏毕竟是在赴任的路上，也不好一直耽搁下去，但是好友方才相聚，便又要面对离别，着实令人伤怀。

第二天一早，王维动身冒雪送祖咏离开，这一送便送了一百多里，直送到了齐州。虽然两人还有许多话没有说完，但是分别在即，反而不知从何说起，一路上二人默默无言，唯有雪花片片，纷纷扬扬，落了两人一肩。

临别之时，王维送了祖咏一首诗，带着满满的不舍之情。王维情真意切地吟道："送君南浦泪如丝，君向东州使我悲。为报故人憔悴尽，如今不似洛阳时。"

祖咏听罢，心下也是凄然，但他强自振作，笑着辞别友人，王维也只好做出一副洒脱的样子，却在祖咏离去之后，默默看着他的背影，以及雪地上越来越长的马蹄印，伫立良久。

之后，王维在济州任上又度过了两年时光，两年之后，济州刺史裴耀卿转任宣州刺史，王维也终于下定决心，辞了济州司仓参军之职。王维的仕途暂时中断，他无官一身轻，漫游吴越，西进巴蜀，虽然仕途蹭蹬，诗歌造诣却更进了一步。

知遇之恩

　　游历了数年，转眼间，王维已经三十岁了。这一年发妻忽然病逝，王维伤心不已，决定从此不再续娶。

　　王维漂泊日久，决心重新寻找出路。于是，时隔八年，王维终于回到了长安。

　　回到长安的那一天，王维还是自春明门而入。经历了近十年的沉浮，王维已经心如止水，兴庆宫高大的宫墙，繁华热闹的东市，再也激不起他心里的波澜。

　　如今的王维，已经不再是那个初到长安城的少年，不再有那种"相逢意气为君饮，系马高楼垂柳边"的意气风发，也不会再对着长安城的繁华心下暗自惊叹，甚至没有了对未来的那种兴奋和憧憬。

　　站在长安城繁华的东市街上，看着往来的行人，听着街边的叫卖喧闹声，闻着胡饼的焦香味道，王维的内心异常平静。

　　"阿兄！"不远处的酒肆门口，站着一脸兴奋的王缙。王缙看到王维便急不可耐地跑过来："咱们兄弟这一别，想不到竟这么久，回来就好，回来了就好啊阿兄！"

　　王缙激动得几乎语无伦次，王维还不及开口，便被弟弟拉进了酒肆，二人在一清净处落座。

　　"前些日子接到阿兄要回来的消息，我就在这儿定了筵席，专门给阿兄接风洗尘！"王缙倒着酒，一脸快活，"尝尝，虾蟆陵的郎官清，还是不是当年的味道？外面不常能喝得到吧？"

　　王维再次见到睽违多年的弟弟，高兴得几乎什么都忘了，一时间，仿佛与当年初到长安时两人相对而饮的时候没什么两样了。

　　"阿兄，如今回到长安城可有什么打算？岐王、宁王那边听说阿兄要回来了，也都很是欢喜，阿兄或许可以去问问。"

王维摇摇头，眼中透着岁月沉淀的睿智和冷静，道："需要干谒的另有其人。"

"哦？阿兄这才刚刚回到长安城，便已经有了打算了？"王缙眼神里满满都是好奇。

"我早就有所耳闻，方今集贤院的学士张九龄大人能选贤任能。"

"阿兄是要干谒于他，那阿兄可与他相熟？"

王维摇摇头道："并不相熟。"

"那阿兄为何要干谒于他？不若再问问从前相熟之人。"王缙对王维的决定甚是不解。

"从前，咱们与岐王、宁王等相交，重在情谊。而今为兄经历过这一番，才明白一个道理，若要有所作为，一定要跟随真正的贤良才能之士。"王维如今的见地，早已不同于当年那个初出茅庐的少年了。

"阿兄口中的贤良才能之士是便是这集贤院张大人？"

"正是。"王维的回答干脆果决，显然是早已经拿定了主意。

"我也曾听闻，张大人确有识人之能，只不过阿兄与他并无往来，如何自荐？总需要个门道才是啊！"王缙面露难色，眉头微微皱起。

王维微微一笑，胸有成竹地道："我听闻张大人颇好诗赋，特重诗才，不如以诗干谒。"

不几日，王维带着名刺到了张九龄府邸。王维入了正厅，见到张九龄，便上前行礼。

"摩诘不必多礼。早就听过摩诘的诗名，读过你的诗作，着实不俗，奈何一直没有机会一见！"

王维连忙道："您谬赞了，维愧不敢当。维多年来有志难骋，不过闲来聊以自遣罢了。"

张九龄听出了王维的言下之意，微微一笑道："摩诘志在何处？"

王维官场蹭蹬多年，心性已有所磨练，当即从容不迫地回道："维近日又作了些雕虫笔墨，所思所想，尽在其中，还请令公过目。"

说着，王维从箧中取出诗卷，恭敬地呈与张九龄。张九龄笑着接过诗卷，缓缓展开，仔细看了起来，目光逐句而下，笑容愈来愈明显。

读罢，张九龄将诗卷收好，引着王维在几案前坐下，命人上了新煎的紫阳毛尖，道："摩诘的诗才果然名不虚传，摩诘的志向我也明白了。"

继而话锋一转，道："我这里恰巧还有一位客人，也是颇有诗才，我想你们定然会一见如故。"

说罢，张九龄便让左右将这位客人请来。王维本就十分喜欢结交朋友，尤其是诗友，听张九龄这样说，也是十分期待。待到这位客人走入厅中，王维仔细打量，见来人穿着一身粗布袍衫，头戴幅巾，眉眼之间却有一股超尘脱俗之气。

"这位便是襄阳孟浩然，偏巧也是今天来我府上，诗才也是高绝。依我看，二位贤才才华不分高下，定然能有伯牙子期之谊。"张九龄向王维引见孟浩然，王维顿时对他产生出了一种难以言喻的亲近之感。

"原来君即是孟夫子，维虽常年在外，却也曾读过君的诗作，当真是清新自然，颇有靖节先生之风！"王维对于孟浩然的欣赏之情发自肺腑，言辞恳切。

孟浩然淡然一笑，道："摩诘兄客气了，君之诗名我也是早有耳闻，早就盼望一叙，没想到今日在此处相识，着实有缘！"

二人当真如张九龄所说，一见如故。张九龄也颇好诗赋，三人转至张九龄的书房谈诗论赋，直至天色向晚。

辞别张九龄后，王、孟二人兴致不减，携手行至西市，找了家胡姬酒肆，继续饮酒论诗。

二人借着月色与美酒，谈笑不绝，虽是初次见面，却仿佛是相交多年、久别重逢的挚友，一时间有说不完的话。直谈到酒肆打烊，宵禁将近，二人才依依惜别，并相约改日再叙。

自此，二人时常相聚赋诗，成了莫逆之交。

王维以诗干谒张九龄，果然得到了张九龄的赏识。后来张九龄以中书侍郎、同中书门下平章事拜相，推荐了王维，同年，曾任济州刺史的裴耀卿也拜了相，对王维也多有关照，很快王维便被举荐出任了右拾遗之职。

右拾遗依旧只是八品官，但绝不再是闲散的职位，可以直言进谏天子，参与朝廷机要，是个十分紧要的官职。

王维的仕途渐有起色，但他的好友孟浩然却多年来屡试不第。孟浩然没有进士出身，张相纵然想要奖掖提拔，也无可奈何。孟浩然的心中自然不会完全不在意，但他能泰然处之，依然从容洒脱，经常来找王维饮酒赋诗。

这日，孟浩然到王维官署中探讨诗艺，孟浩然刚作了首新诗，拿与王维评赏。

就在二人相谈甚欢之际，有人忽然慌慌张张地跑进来，在王维耳边悄声说了几句，王维面色一凛，不自觉地站起身来。

孟浩然见王维一反常态，调侃道："何人让摩诘如此惊慌？难不成是圣人到访了？"

王维没有反驳，怔怔地看着孟浩然，孟浩然心下也是一紧，下意识地"腾"地站起来，一脸的难以置信，问道："莫非真是圣人来了？"

王维这才恢复常态，点点头道："正是。"

孟浩然布衣之身，不知该如何应对皇帝，唯恐不懂礼节冲撞得罪，任他平日里再如何潇洒自若，此时也急得不知所措，慌张地道："这可如何是好，不如……是了是了，我先躲上一躲！"

还没等王维反应过来，孟浩然便四下寻找合适的藏身之所，他灵机一动，钻入榻下，王维刚想制止，已经来不及了，玄宗和随从已经走了进来。

玄宗身着常服，一脸平和神色，王维却难免慌乱，立即下跪行礼。玄宗亲自将他扶起，笑道："卿不必多礼，私下相见，没有这么多礼数。"

话虽如此，王维却不敢有丝毫怠慢，旋即请玄宗入座："官署窄仄，望陛下莫怪。"

"这有何妨？"玄宗不以为意，坐到几前。却见几案之上有两个酒杯，微微蹙起眉，问道："卿这里还有旁人？"

王维偷偷瞥了一眼榻下，想到孟浩然仕途不顺，现下正是个好机会，可以让玄宗看到孟浩然的才华，于是自作主张，对玄宗说了实情。

"不敢有瞒陛下，臣原本在与一朋友共饮论诗，他怕冒犯圣颜，故而隐匿于榻下。"

"哦？"玄宗听得有趣，忍俊不禁地道，"什么朋友？竟如此有趣？"

王维道："臣这个朋友，名唤孟浩然，他诗才高绝，臣常常自叹不如。"

"孟浩然？朕好像也听过这个名字，能令卿自叹不如之人，想必是有些才学的。你教这个朋友出来吧，无需再躲在榻下了！"玄宗的脸上依然尽是笑意。

王维将孟浩然从榻下拉出来，孟浩然已经镇定下来，学着王维的样子参见玄宗。

玄宗见孟浩然风姿倜傥，立即对他多了几分好感，笑着道："摩诘说你诗才高绝，可有近作，与朕一观？"

"草民愧不敢当，近来倒是有一首新作，方才正与摩诘讨论，愿呈陛下御览。"说着，孟浩然将几上的诗稿恭恭敬敬地呈与玄宗。

玄宗带着期待的笑容接过诗稿，逐字读去，脸上的笑容却逐渐消失，眉眼间隐隐有了些怒意。孟浩然对此并不敏感，还没有觉察出来，王维在一旁看着，心却是不住地往下沉。

玄宗的眉毛越皱越紧，终于连孟浩然也发现了不对劲，方想抬头，却听玄宗冷笑一声，道："'不才明主弃，多病故人疏'，这是你写的？"

孟浩然虽然感觉出了玄宗的不悦，但是他从未入过官场，捉摸不透玄宗的心思，试探着道："正是草民所作，言语粗疏之处，万望圣人见谅。"

"哼，见谅？好个'不才明主弃'，朕分明从来都不曾见过你，何来相弃一说，朕这真是大大的冤枉！明主？朕看你是想说朕是个不识贤才的昏君吧？"

孟浩然和王维皆是一惊，立刻下跪请罪。孟浩然不过是发发牢骚，原也没有真怪皇帝的意思，更是万万不曾想到会让皇帝本人看到，心下才是真正惶恐。

"陛下息怒，草民绝无此意，绝无此意！"孟浩然情急之下也不知如何辩解，只能连连否认，玄宗自然全然听不进去。

玄宗气道："你也不必惊慌，朕不会治你的罪，否则岂不真成了你口中的昏君？不过你既然说朕弃了你了，朕不愿受这个冤枉，便坐实了它吧！"说罢便起身拂袖而去。王维还想跟上去再帮孟浩然分说几句，却被玄宗身边的扈从拦下，只好恭送玄宗离开。

王维转过身来，见孟浩然兀自呆立在原地，怔怔发愣，赶忙过去宽慰："孟兄，你且宽心，圣人只是一时在气头上罢了，气急之言，岂可作数？"

孟浩然渐渐回过神来，苦笑道："旁人自是如此，但圣人金口玉言，又岂有不作数之理？"

王维心下一想，此话确实有理，心下觉得愧疚，道："此事错在维，是维擅作主张。原是想借此机会举荐孟兄，却没想到害了孟兄……"

孟浩然摇摇头道："此事与摩诘无关，这一切都是命数，偏巧圣人今日到访，又偏巧看到这一首诗。圣人不治罪已是宽宥，看来是我命里没有仕进的机会，罢了，罢了！"

说罢，孟浩然拿起案上的诗卷，紧紧攥在手中，转身径自离开。王维看着他的背影，心情十分复杂。

出使塞外

又到了一年冬天，夜已深了，王维与王缙兄弟二人在房内秉烛而坐。窗外寒风凛冽，吹得窗棂吱呀呀地晃动。

"变天了！"王缙望着窗外猛烈摇动的树影，喝了口酒道。

"事情已经确定了吗？"王维心里都明白，却很不愿意接受。

王缙无奈地笑笑："可不是定了？张相马上便要起身前往贬所荆州了，裴相也被罢了职，只给了个尚书左丞的虚衔，往后这朝廷里便是那李林甫只手遮天了。"

说罢，王缙又给自己斟了杯酒，一饮而尽。

"张相在任的这几年，选贤任能，清吏治，肃朝纲，尽忠职守，我原本还觉得终于看到了希望，想着跟随张相，终有一天能达成自己的理想，却没想到竟然又是一场空。"王维的话语里透露出了理想幻灭的痛苦之情。

王缙叹了口气，也道："正是如此。如今罢黜贤能，奸佞当道，这朝廷恐怕是没有指望了！"

王维心里虽然也这样想，但听到王缙把这话说出口，还是下意识地劝阻道："这话可不能乱说，大逆不道！"

王缙却不以为意，道："阿兄你也太过小心了些，咱们这是在自己家中，更何况我说的句句是实话。"

王维何尝不知道这是实话，他拿起酒杯，默默无语地饮下一杯酒，听着窗外呼啸的北风，心里的那团火焰仿佛也被风吹灭了。

送别了罢相的张九龄，面对着李林甫独揽大权的局面，王维在朝中觉得步履维艰，他不愿意留在李林甫身边虚与委蛇，主动请缨出使河西。

不久，王维被任命为监察御史，很快便动身前往凉州（今甘肃武威）。王维出了金光门，一路向西，走了十几日后，沿途愈发荒凉，人烟渐渐稀少。

经过一路颠簸，王维人困马乏，便停下来休息。他掀开车帷，举目四望，便见四周全是黄沙，一直延伸到天边，无穷无尽，满目苍凉，远处一道孤烟直直耸立在天地间，仿佛将这一幅大漠之景一分为二。

黄昏时分，太阳缓缓下落，迫近地平线，在这一片空旷无人的沙漠之上散发着温暖的光芒。王维望着孤烟落日，正在怔忡，又看见天边几只鸿雁飞过，划过黄昏的天空，留下几声哀鸣。

"咱们这是到哪儿了？"王维问身边的僮仆，目光还是投向远方的夕阳。

僮仆四下看了看，回道："看样子，大概到凉州城附近了！"

"已经走了这么远了啊……"王维不由自主地向后望去，只见一条大道延伸向远方，哪里还能看得到长安。

正在他心下感慨之际，前方人声响起，一队骑兵从不远处迤逦而来。队伍见到王维便停了下来，为首一人下马行礼，问："大人可是新来的监察御

王维举目张望，四周全是黄沙，一直延伸到天边，无穷无尽。

史？前面不远便是凉州城了，若是快些赶路，天黑之前该是能到。"

"多谢！"王维笑着回答，辞过了骑兵，继续向前。

王维坐在车中，望着茫茫沙海，心中不禁升起思念之情，不仅思念故乡、思念长安，也挂念着外放出京的张相。张九龄对自己的知遇之恩，他一直记在心里。张九龄一朝获罪，远去荆州，而自己如今身在大漠，天南地北，遥不可及。

"所思竟何在，怅望深荆门。举世无相识，终身思旧恩。方将与农圃，艺植老丘园。目尽南飞鸟，何由寄一言。"望着落日黄沙，王维倾泻出了对张九龄的牵挂。

动身前往大漠之前，王维便已写下了这首情真意切的五律，寄给远在荆州的张九龄，如今大漠之中再次吟出，字字皆是泣血之言。

天色渐沉，王维单车一辆，在大漠中缓缓而行。远处的天空一片红紫，在空旷无人的沙漠上，绚烂得有些孤寂。

斜月初上，王维一行终于到了凉州河西幕府，当晚安顿休息。第二天，河西节度使崔希逸便置了牛羊清酒，给他们接风洗尘。

王维官阶不高，但监察御史巡视边地，代表的乃是朝廷，崔希逸自然不敢怠慢。王维受到一方节度使的礼遇，也是感佩于心，当即致谢落座，与崔希逸宾主尽欢。

凉州作为大唐西北的重镇，时常会遭到突厥兵士的侵扰，但在崔希逸治下，也还算平安无事。这里的民风与长安迥然不同，别有一种西北边地的豪迈之气。

饮宴过后，崔希逸请王维领略边地风景，在他的陪同之下，一行人到了凉州城的城楼上，远望四方。

时值秋末冬初，城外一片肃杀之气。边地的天空格外高远，朵朵白云飘浮在深秋的碧空之上，一阵阵北风吹来，带来强烈的寒意。

"这里再往北去，便与突厥地界相接了，那边时不时会发生些冲突。"崔希逸望着远处，给王维介绍。

第一次来到边塞的王维，被这边地壮阔的秋景深深地震撼着，胸中似乎鼓荡着一种豪侠之气，仿佛眼前便是一片杀伐景象。听崔希逸这样说，他关切地问道："近来这附近也时常有短兵相接之事吗？"

"我今早便接到战报，昨晚，就在这附近，我军与突厥有过一战。"崔希逸笑了笑，随口答道，神情极为平常，就像是在说长安西市的酒肆新上了一种酒一般。

看到崔希逸轻松的神情，王维心下了然，笑道："看来是我方占了上风。"

"向来如此。"崔希逸此话说得颇有些自得，但王维听在耳中却不觉得有任何骄矜之意，反而心下十分佩服。

二人正说话间，忽见远处的草甸上燃起了大火，火光冲天，烈焰熊熊，连成一片，蔚为壮观。

"这是？"王维从未见过如此场面，不觉有些惊慌。

崔希逸却道："摩诘有所不知，这是那边军士正在围猎，咱们这边的风俗，围猎之前，先把这荒野烧上一遍，把周围的野兽都赶出来。"

果不其然，崔希逸刚刚说完，便听喊声动天，一队声势浩大的骑兵奔突而出，呐喊声和马蹄声从远处传来，脚下的大地仿佛在震动。

"居延城外猎天骄，白草连天野火烧。暮云空碛时驱马，秋日平原好射雕。护羌校尉朝乘障，破虏将军夜渡辽。玉靶角弓珠勒马，汉家将赐霍嫖姚。"王维望着远处的火烧围猎，望着暮云和远空，作了首七律。

崔希逸见王维此作遒劲有力，颇有慷慨之音，忍不住大叫了声好，说道："摩诘诗才果然高绝，我虽远在边地，却也早有耳闻，今日得见此作，才知传言非虚啊，好一个'汉家将赐霍嫖姚'！便为摩诘此言，今晚咱们也该痛饮一番！"

"正有此意！"王维少年时，原本就有些游侠意气，只是多年宦海沉浮，锐气渐消，而今到了这塞外之地，天高地迥，兵将骁勇，他的胸中也不禁壮阔了起来。

说话间，天色已渐渐暗了下来，空中飘起了大雪。两人下了城楼，到帐中置酒欢饮。

酒酣之际，忽闻帐外有马儿嘶鸣之声，随即便有兵士闯入帐中。崔希逸接过军报，眉头微蹙。

王维不由地紧张起来，问道："可是有什么大事？"

见王维如此紧张，崔希逸转而笑了起来，道："是都护传书，说他们在酒泉一带遭遇了突厥，一小股兵力而已，不妨事。"

说罢崔希逸拿来纸笔，挥舞而就，递与兵士道："传我的命令，立刻派一小队人马赶去酒泉解围。"

士兵领命匆匆而去，崔希逸却气定神闲，胸有成竹地笑了笑，又敬了王维一杯酒。

在此之前，王维从没有想过，自己会与杀伐征战的事离得这样近。在这凉州，随时都会有冲突乃至战争发生，而崔希逸谈笑之间，指挥若定，令王维钦佩不已。

"君的气度才干，着实令维佩服，维有诗一首，赠与将军。"说罢，王维满了一杯酒，敬向崔希逸，朗声道："十里一走马，五里一扬鞭。都护军书至，匈奴围酒泉。关山正飞雪，烽戍断无烟。"

王维作诗立就，崔希逸又是拊掌称赞，啧啧称奇。

此后，崔希逸只要有闲暇，便会带着王维一行到河西幕府治下各处巡察，这样过了数月，到了暮春时节，王维突然收到消息，崔希逸即将离开凉州。

王维赶到河西幕中，却见崔希逸已经收拾好了行装。他看到王维赶回来，故作轻松地笑笑，道："摩诘虽是暂时巡边，却没想到我反而要先一步离开凉州了吧。"

"可是出了什么事情，缘何如此仓促？"王维关切地问道。

崔希逸面露愁色，道："朝廷之令，改任河南尹，不得不从，个中无奈之处，摩诘想必也是深有体会。只是我心中有愧，如今离开，恐怕便再无弥补的机会了。"

"可是为两月前追击吐蕃进犯军队一事？"王维知道他心中所想，宽慰道，"那也不是你的本意，你不过是奉命行事。"

"话虽如此，但因此断送了吐蕃与大唐邦交，我心难安。"崔希逸的声音里透露出深深的痛苦。

两个月前，崔希逸领旨，率兵攻打凉州附近的吐蕃军队，对方毫无防备，在崔希逸的奇袭下死伤惨重。然而在此之前，崔希逸已与吐蕃签订了停战盟约，却迫于皇命难违，只得违背盟约，攻击了对方。

"失信于人，乃反复小人所为，摩诘你说，我心又如何能安？"

王维知道，崔希逸一直因此自责，从前豪爽勇武、气定神闲的河西节度使这两个月来常常愁眉不展。王维也不知道该如何宽慰崔希逸，只得说："君先一步离开凉州，等维交办好相关事宜，也便请辞，日后定会再与君相聚，望君千万保重，务必宽心！"

崔希逸努力收了愁容，挤出一丝十分勉强的笑容，向王维拱拱手，转头而去。王维望着他远去的背影，心中忽然生出一股悲凉之感。

崔希逸走后不久，王维也完成了出使巡察的任务，便立刻驱车返回长安。

回到长安之后，没过多久，王维听到了崔希逸死在任所的消息。这个宅心仁厚的河西节度使，终究无法原谅自己，郁郁而终，而远在长安的王维，只能对着崔希逸贬所的方向遥祭英灵。

送别孟浩然

　　崔希逸去世的噩耗还没有完全消化，又传来了张九龄的死讯，让王维更是悲恸。

　　那段时日，王维常常一个人待在屋子里，默默思念故人。

　　月色凉如水，王维当窗而坐，轻声念着张九龄写给他的诗："荆门怜野雁，湘水断飞鸿。知己如相忆，南湖一片风。"多么洒脱而情意深重的一首诗，如今读来，仿佛张九龄还在荆州，等待着自己这个故人前去一会。

　　王维的心中满是痛苦，但是他无法放任自己一直沉浸在悲伤之中，毕竟还有许多事情等着去做。

　　很快，王维接到了另外一个重要任务——主持南选。南选指的是铨选岭南一带，包括黔中、岭南、闽中诸郡县的官员。南选每四年举办一次，一般在桂州（今广西桂林）或黔州（今重庆彭水）举行。

这一次南选是在桂州，于是被任命为监察御史兼补选使的王维动身前往。这次行程比出使凉州更远。行到南阳，王维便在临湍驿暂时住下歇脚。

第二天一早，阳光照进驿站的窗棂，几声鸟鸣衬得这个早晨愈发清静，王维站在窗边欣赏窗外的清秋景色，思绪纷乱，一边怀念挚友伯乐，一边担忧自身前途。正在胡思乱想时，一个缓缓从驿馆走出来的僧人出现在他的视野里。

僧人身着一件旧的棉僧袍，须发尽白，脸上带着平静和蔼的笑容，打眼一看，便知这是一位早已看透世情的得道高僧。

因为母亲的原因，王维自幼笃信佛教，最喜与僧人结交。他速速整理好了衣冠，下了楼，出了驿馆大门去追那老僧。

老僧并未走远，而是站在一棵树前，双目似闭还睁，微笑着倾听鸟鸣啁啾。

王维走到老僧面前，恭敬地行了个礼，满怀崇敬之意，道："打扰上人，冒昧一问，您可也是住在这临湍驿？"

老僧缓缓睁开双眼，不徐不疾地转过头来，他看到王维，绽开了一个和蔼的笑容。

"施主有礼了，老衲正是住在这临湍驿之中，看施主面善，似乎颇有佛缘，敢问施主是……"老僧声音亲切平和，令人如沐春风。

王维觉得这老僧似乎有一种特别的力量，看着他的眼睛，听着他的话语，心中有一种莫名的安定感，便知老僧的佛法造诣必定高绝，于是态度也更加虔诚了："上人客气了，某蒲州王维，前往桂州主持南选，暂住此处。尊请上人法号。"

老僧眉毛微微一动，眼中透出惊喜的光芒，说道："阁下便是那个诗画双绝的王摩诘吗？老衲洛阳菏泽寺神会。"

王维不禁露出难以置信的神色，问道："上人便是惠能大师的高徒神会上人？"

老衲微微一笑，点头回道："正是老衲。"

佛教流传至南北朝，衍出禅宗一系。五祖弘忍

老僧缓缓睁开双眼，不徐不疾地转过头来。

之后，禅分南北，北宗禅领袖是弘忍的弟子神秀，南宗禅则由被尊为六祖的惠能创立。

当年，弘忍禅师为选出自己的衣钵弟子，令门下众弟子以佛偈阐述禅宗思想，神秀率先吟出一首佛偈："身是菩提树，心如明镜台。时时勤拂拭，莫使惹尘埃。"

众人深深叹服，无人敢再出一言，但弘忍大师似乎对此不尽满意，这时平日里负责洒扫的惠能随口念道："菩提本无树，明镜亦非台。本来无一物，何处惹尘埃。"

弘忍大师听了不由地赞了一声，叹其高妙，把衣钵传给了惠能，此后惠能开创了南宗禅一脉，成为禅宗六祖。不过在士大夫阶层之中，流行的还是北宗禅。

北宗禅讲究渐悟，也被称为渐教，强调要持续不断地刻苦修行，以净化内心；南宗禅则讲究顿悟，故而也被称为顿教，强调自证自悟，明心见性。南宗禅没有繁琐的仪式和场地限制，其影响后来慢慢超过了北宗禅。

王维的母亲崇信北宗禅，师事神秀禅师的弟子大照禅师，因而王维早年也深受北宗禅的影响，极为注重佛法修行。

但这一次，王维偶遇的是南宗禅的领袖，他门户之见并不深，想要向神会禅师请教佛法。

王维请神会禅师到了自己的房间，奉上茶汤。

"维心中有无限苦痛，虽日日礼佛尽诚，努力修行，还是无法摆脱。敢问上人，如何才能求得解脱？"王维说着，想起张九龄、崔希逸等昔日友朋，又想起朝廷中李林甫独揽大权、败坏朝纲，眉目间不禁又有了愁容。

神会禅师微微一笑，饮了一口茶道："众生本来是清净的，如果一意苦修，反而是妄心，不可得解脱。"

王维听到神会禅师说的话，十分惊讶，他礼佛数十年，从未听过这样的说法，不由说道："维也听不过少大德高僧的妙论，从来没有听过这样的话。此言甚是高妙啊！上人果然佛法高深，看得通透！"

神会禅师继续说道："一念愚则般若（智慧）绝，一念智则般若（智慧）生。不悟则佛是众生，一念悟时，众生即佛。"

"妙啊！"王维拊掌大赞，再向神会禅师行礼，"佛学一道，全在一个'悟'字，悟得之时便即是佛，除此而外，不必着意修习！"

"正是此理，施主深具慧根，一语便得，善哉善哉！"神会禅师眼中的笑意愈发浓了，看着王维深深地点了点头。

其实这是南宗不讲究繁文缛节，追求自在和顿悟的理论，一向接触北宗的王维忽然间听到南宗的说法，不禁深有感触，一些缠绕在心头的疑难得到了解答。这些理论，也深深影响了他的诗歌创作。

王维和神会对坐论经，谈了三天三夜，王维感觉修为和境界都有了很大提升。

然而王维公务在身，不得不告别神会禅师："上人，维冗务在身，不能继续聆听上人教诲，他日定当至洛阳菏泽寺拜会上人，到时再向上人请教佛法。"王维说罢，又虔诚地向神会禅师行了个佛礼。

神会禅师笑着点头，道："君若有缘来菏泽寺，老衲必当烹茶以待。素闻君文笔高妙，他日有暇，可否为吾师惠能禅师作一篇碑文？"

"求之不得！是维的荣幸！"王维许诺之后，再次行礼，转身上了马车，迤逦而去。他内心的愁苦已去了大半，心中清明了不少，脸上也露出了发自内心的微笑。

再往南走，便到了襄阳附近，王维心中牵挂好友孟浩然，自孟浩然失意归隐之后，已有数年未见，于是他决定稍稍绕路去拜访故人。

去襄阳城路过汉水，江水茫茫，山色朦胧，王维极目而望，仿佛身在水墨画中，想着即将见到好友，心情畅快，顿时诗兴大发，随口吟道："楚塞三湘接，荆门九派通。江流天地外，山色有无中。郡邑浮前浦，波澜动远空。襄阳好风日，留醉与山翁。"

他想象着很快就要和孟浩然对坐而饮，抵足而眠，心情分外舒畅。

山路曲折，颠簸了许久，王维才到了岘山脚下孟宅附近。周遭山清水秀，风景宜人，王维心下想，孟兄虽然仕途蹭蹬，但能隐居此处，却也是惬意自得。

谁料到了孟宅门口，却见到门上挂着白幡。王维的脑子"嗡"地响了起来，一种不祥的预感袭来。他脚步沉重地走到门口，犹豫了半晌，终于敲响了大门。

敲了许久，才有人来开门，来的不是孟浩然，却是孟浩然的夫人。看到对方一身麻衣，王维心下凉了大半，惴惴不安地问道："嫂夫人，孟兄……何在？"

孟夫人脸上泪痕未干，有些哽咽，说不出话来，只转身往院子里走。王维脑中一片空白，愣愣地跟着走了进去。

院中人全都披麻戴孝，灵堂前挂着白幡。王维进了灵堂，一眼便看见了桌子上黑漆漆的灵位，上面赫然写着孟浩然的名字。

王维脚下一软，便要摔倒在地，多亏旁边的僮仆扶住了他。之前想象的与孟浩然对饮畅谈的画面瞬间破碎，换成了眼前这个冷冰冰的牌位。

良久，王维才哑着嗓子问道："怎么会？孟兄身体硬朗，如何便会……"

孟夫人沉浸在悲伤中难以自拔，呜呜咽咽地

说："前些日子，王昌龄来家中拜访。"

"少伯（王昌龄的字）？他前些日子来了？但这与他有何干系？"

孟夫人擦了擦眼泪，继续道："之前夫君背上生了个毒疮，原本没什么大碍，大夫来瞧过了，给他敷了药，嘱咐他毒疮痊愈之前千万不可饮酒食鲜。我在一旁盯得很紧，眼看着便要痊愈了，前些日子却因着王昌龄大兄弟前来，他心下高兴，背着我们出去吃酒，又食了河鲜，回来便毒疮破裂，这便……便……"

孟夫人说到此处，哽咽着再也说不下去了。王维让僮仆取了一罐从长安带来的郎官清，斟了满满一碗，眼中含着泪水，颤抖着将酒洒在了孟浩然的灵位前。

"孟兄，这是虾蟆陵的郎官清，从前你我在长安时最爱喝的酒……"话未说完，王维的双眼已经一片模糊，什么都看不清了……

"故人……不可见，汉水日东流。借问……襄阳老，江山空蔡洲。"王维一字一字地念出对孟浩然的思念之情，念到最后，已是泣不成声。

王维带着极为沉重的心情离开了孟家，继续向前，一路青山绿水，王维却再无心欣赏。就这样，几日后到达了郢州。

郢州刺史听闻知南选的监察御史大人将至，早早便做了准备，在刺史亭摆宴接待王维。

然而王维还沉浸在对故友深深的悼念之情中，实在没有宴饮的心情，一脸痛苦，愁眉不展。

郢州刺史看到王维的神情，连忙询问，才得知了孟浩然去世的消息。

"'借问襄阳老，江山空蔡洲。'好一个'江山空蔡洲'啊，孟夫子是我们这里的乡贤名士，想不到竟然……听闻侍御史大人笔擅丹青，又与孟先生深交如许，不如为他作幅画像，悬在这刺史亭上，供后人瞻仰，也不枉孟夫子的诗酒才名。"

文人毕生所求，无非青史留名，孟浩然一生布衣，才名事迹后世恐渺茫难寻，自己若能为他作一幅画，保留住他的音容笑貌，也确实是功德一件，也是自己纪念友人的好方法，于是王维当即答应了下来。他凭着心中对孟浩然的记忆，带着对故人的思念之情，挥毫运笔，片刻工夫，一幅十分逼肖的孟浩然画像便出现在纸上。

王维笔下的孟浩然身材颀长瘦削，一袭白衣，坐在马背上，风神高迈，还有一个童子，抱着书笈，背着琴，站在旁边。

众人观王维作画，皆忍不住赞叹王维画技精妙，但这样一来，王维心中反而更加沉重。

王维看着画中的孟浩然，仿佛好友就在面前一般，他怔愣了许久，才把画小心翼翼地递给郢州刺史。

刺史命人将画挂在了刺史亭中，此后刺史亭便改名为浩然亭，后来又更名为孟亭。

王维离开郢州，继续赶路，在正月到达了桂州。他在一派过年的喜庆之中，主持铨选之事，但心中却带着挥之不去的悲伤。

心隐辋川

接连受到好友离世的打击，再加上朝廷在李林甫及牛仙客一党的把持之下，愈发乌烟瘴气，王维的心千疮百孔，他已经没有了少年时的昂扬之志，出世向佛之心愈发强烈。

从前自己想要跟随的明相，如今已不在人世，曾经诗酒唱和、并肩而立的好友也大都不在身边，不是化作一抔黄土，便是散落四方。王维在这偌大的长安城，孤军奋战，心下无比凄凉，他无力与李、牛等人周旋，只想隐居山林，了此余生。

然而，王维并没有辞去官职，而是在仕与隐之间寻求到了一种微妙的平衡。

这天是休沐日，王维正在院内的药栏旁闲坐，忽然听到叩门的声音。近两年来，王维故交散落，门前访客也渐渐稀少起来，乍一听到这叩门声，一时还有些诧异。僮仆开得门来，一个风姿俊朗的白衣青年走了进来，原来是王维新交的小友，裴迪。

王维顿时十分开怀。老友相继去世，又对朝廷失望，他的内心不免孤寂，幸而有裴迪等人还能偶尔相陪，于是笑逐颜开地邀请裴迪进屋。

然而裴迪却笑着摇摇头，眼睛里透露出一些难以掩饰的兴奋，颇有些神秘地道："今日来寻摩诘兄，是要带你去个好去处。"

王维已经过了会对诸事充满期待的年纪，但见裴迪如此，还是禁不住有些好奇，问道："什么好去处？"

裴迪并不立即回答，反而愈发神秘起来，故意道："到了地方，你便知道了。"

王维也不再追问，跟随一脸笑容的裴迪出了门去。

两人一路缓缓而行，不久便走到了长安城东市，走进东市，繁华热闹便迎面而来。

平时深居简出的王维已经很久没有感受过东、

西两市的热闹了，看着摩肩接踵的人群，闻着酒肆里飘出来的香气，确实有一种久违之感。

"你说要带我来的地方，不会便是这东市吧？"王维脸上露出戏谑的笑容，仿佛在说，你这小友莫不是想寻我开心。

裴迪再次神秘地笑笑，又摇了摇头，道："自然不是，摩诘兄莫急，继续跟我走便是。"

他们穿过人群，最终来到了东市西门附近的一家赁驴行。店家见到裴迪便热情地招呼，看来他肯定是这里的常客了。

"如此，咱们这是要出长安城？"王维心下明白了一二。一般出城不远的话，长安城中的人们会来赁驴行雇上一辆驴车。

听到王维的询问，裴迪笑意更浓，但依然不多说什么，跟赁驴行的伙计办好了手续，交了钱，二人便坐上了驴车。伙计驾着驴车，带着二人出了东市西门，沿着宽阔笔直的朱雀大街一路向南，直出了长安城南边的明德门，向城外驶去。

出了长安城，不多时，田野、山川便渐次映入眼帘，开阔的景色令人心旷神怡，王维顿时觉得神清气爽。

"许久没有到城外看看了吧?"眼见着离长安城越来越远,裴迪看着王维注目欣赏窗外风景的样子,笑着问道。

王维脸上露出愉快的笑容,点点头,然后问道:"现在你总可以说,咱们这是要去哪了吧?"

裴迪笑了笑道:"我在蓝田那边,终南山脚下的辋川买了个宅子,那里山清水秀、风景宜人,可是个好去处。"

"原来如此,终南山脚下的风景着实不错,之前我也曾去过几次,确实是个令人神往的好地方。"王维眼睛里透露出了明显的羡慕之情。

二人又说了些话,不多时,便已到了终南山附近。终南山一带景色秀丽,只见山势起伏,绵延不绝,周围层林苍翠,郁郁葱葱,让人心旷神怡。

"到了!"裴迪让伙计停了下来,两人下了车,他们周围是一片青翠的竹林,竹林旁的溪水清澈见底,几头游鱼在水中悠游自在,阳光照在水面上,洒下点点金光。

沿着小溪走了不久,来到了一座竹屋前,门扉半掩，二人刚一进门，一个身着白袍衫的男子便迎了出来。

"摩诘兄！我可是在此等候多时了！"来人名叫崔兴宗，是王维的好友，同时也是王维的内弟。

王维环视周遭，幽静的小院里，仰头便能看见四周的群山和山头萦绕的云雾，满眼的山水之色，让人的身心仿佛都受到了洗涤。

"你怎么也在这里？"王维笑着问崔兴宗。

崔兴宗并不直接回答王维的问题，反而问道："怎么样，裴兄这小院子不错吧？"

王维点点头，随即便看到院子里的几案上摆着些简单的小菜，以及一壶阿婆清，笑道："这是你们准备的？"

裴迪笑道："这山间没什么精致食馔，但是胜在新鲜。这是我们特地准备的筵席，就等着你来一叙。"

说着，三人落了座，在终南山的云雾之下，举酒共饮，谈笑尽欢。清风拂来，三人的笑声仿佛随风而去，回荡不绝。

"你们是如何寻着这么个好地方的？"王维一

幽静的小院里，仰头便能看见四周的群山。

边吃着小菜，一边问二人。

裴迪给王维又斟了杯酒，笑道："这地方还是崔兄帮我找的，不仅如此，他自己也在旁边置了个宅子。"

王维假装生气，对崔兴宗道："好啊，你先帮裴秀才找了这么个神仙之地，却不想着我！"

自从崔希逸、张九龄、孟浩然等好友相继过世，王维似乎许久没有如此打趣过谁了，这终南山下的清净之地，让王维一下子放下了心中沉重的包袱，神会禅师与他三天三夜的论道讲佛没有做到的事情，这辋川的山水却轻而易举地做到了。

崔兴宗笑嘻嘻地回道："若是没有准备，也不敢贸然邀姐夫前来。我前些日子寻到了这处好园林，想着姐夫必定喜欢，今日便是想问问，姐夫可也想在这里置个宅院，从此而后，你我几个便远离尘世烦扰，在此饮酒赋诗，岂不快哉！"

王维兴奋地应了声好，忍不住立即满饮了一碗阿婆清，然后道："如此甚好，甚好！只不知是什么宅子，离你们二位的宅邸近也不近？"

裴迪笑道："崔兄办事当真是滴水不漏，你猜这宅子怎的，竟是前朝宋之问的产业，后来他出了事情，这宅子便由他弟弟宋之悌掌管经营，如今几番辗转，正要出售。那宅子委实清雅怡人，离我们两个的住所也近得很。"

王维点点头，笑了笑道："如此说来，定是不差。宋之问虽然为人有些瑕疵，于诗文一道却是令维佩服，他的宅子必定不俗。"

崔兴宗听王维这样说，很是开心，又给三人倒满了酒，问道："那兄长是打算买下来与我们在此隐居了？"

王维重重点头，于是三人举起酒碗，用力一碰，酒洒出来不少，三人开怀大笑，各自饮下一大口。

崔兴宗又道："兄长诗才如此之高，见此终南胜景，可否赋诗一首？"

说着，崔兴宗回到竹屋中拿出了纸笔，竟然是早就备好了。

王维见到一路的美景，又看到终南山的巍峨秀丽，本就诗兴大发，略作思忖，提笔写就："太乙近天都，连山接海隅。白云回望合，青霭入看无。分野中峰变，阴晴众壑殊。欲投人处宿，隔水问樵夫。"

王维一诗写罢，裴迪和崔兴宗都是啧啧称奇，赞叹不已。

饮酒赋诗之后，崔兴宗和裴迪便带着王维来到了宋之问原来在辋川的宅邸，王维一看，确实是一处风景绝佳的清雅之所，心下十分欢喜，立刻买下了这片园林。

之后，王维在裴迪的协助之下，开始布置修葺宅邸，他依形就势，设计出了辛夷坞、竹里馆、鹿柴等二十个辋川之景，并与裴迪一起，因着每处盛景，相和成诗。

辋川别业修葺完成之后，王维便时常离开长安城，在此闲居。

春日迟迟，他对着辛夷坞里自开自谢的芙蓉花，感受着山间的清幽；夏日夜晚，他时不时在竹里馆的幽篁之中，弹琴长啸，对着明月倾诉心曲；偶尔，又在傍晚的鹿柴，在夕阳映照之下，体味静照之意。

在这里，处处皆是顿悟之机，王维仰首望着白云，便吟出"行到水穷处，坐看云起时"，诗意与禅机浑然天成；也是在这里，王维与裴迪唱和不绝，吟着"漠漠水田飞白鹭，阴阴夏木啭黄鹂"，看着日出日落，鸟飞鱼游。

辋川的恬静山水，将王维的诗情彻底激发出来。在辋川，王维的山水诗让山水都有了新的颜色。

从此以后，王维身虽出仕，心却一直在辋川，过上了半官半隐的生活。

长安陷落

王维的官职越做越高，天宝十四载（755），王维转任给事中，官阶为正五品上。

就在这一年，一场让整个唐王朝从此走向衰落、一蹶不振的祸事，彻底打破了所有的平静。

这一日，王维正在辋川别业的临湖亭里与裴迪饮酒赋诗，王缙脸上带着十分着急的神色，火急火燎地走了进来。

"夏卿，瞧你这神情，发生了什么事？"王维不解地问王缙。

"安禄山那贼胡，确定是反了！"王缙赶得口渴，急急拿起几案上的一碗清酒，喝了一大口才回答。

王维与裴迪二人都是一惊，一下站了起来。

"当真？！"二人几乎是异口同声。

王缙一脸悲愤地道："此等大事，我怎会开玩笑，圣人已经派了安西节度使封常清去镇守洛阳，命高仙芝将军起兵东征了！"

"早先张相就说过安禄山包藏祸心，圣人偏是不听，如今……"裴迪面上流露出痛苦的神色，禁不住扼腕叹息。

"那贼胡虽然居心叵测，一身反骨，但着实骁勇善战，何况他身边还有史思明相助，好在圣人派了郭子仪与李光弼两位将军去攻打史思明，听说打了几个胜仗。"

初冬天气，原本算不上太冷，反而让人觉得空气中的凉意恰到好处，而现下这坏消息一出，王维与裴迪却都立时觉得寒意凌冽。

王维要比裴迪冷静得多，他立即关切地问道："如今的形势又如何了？"

王缙叹了口气道："恐怕不太乐观，听说封常清与高仙芝都刚吃了败仗，恐怕是要问罪的了。现下圣人又派了哥舒翰前去镇守潼关，而安禄山那边却是势如破竹，有好几座城池都是直接开门纳降，看来朝廷这些年是真的失了民心啊，不然阿兄你也不会一直无心政事，隐居在此……"

王缙的话还没有说完，王维忽然开口道："回去！"

王缙不解地道："回去？回哪里去？"

王维说着便往外走，王缙和裴迪见状只好立即跟上。王缙追着王维道："我来跟阿兄说这个消息，原是教你出去躲一躲，或者告个假留在辋川。现在的形势，不知道什么时候安禄山的叛军就要打到长安来了！"

任凭王缙如何说，王维也丝毫没有放慢脚步，反而越走越快，边走边道："平日里隐居此处，是因为抱负无处施展，朝廷上的乌烟瘴气不如不看。但现下社稷有难，身为臣子，又岂能独善其身？无论如何也要向圣人进谏才是。"

"阿兄，你冷静些！我听说，现下连圣人都在观望，若是哥舒将军守不住潼关，便要弃城而去了。现下满朝上下都人心惶惶，大家随时准备着出逃，阿兄又是何苦呢？"

王维不再回答，只是径直往前走，沿着敬湖穿过木兰柴、文杏馆，穿过孟城坳，便出了辋川别业。王缙见兄长执意如此，也只得跟了上去。

裴迪拉住王维，有些激动地道："既如此，我也跟你们一起回去，无论情势如何，大不了与长安城共存亡，与你们同生共死，也不枉相交一场！"

王维眼中流露出感动的神色，却摇了摇头道："我并非意气用事。我身居谏官之职，平日里言路不开，故而渐渐无心于此，但方今之时，我便是拼死进谏，也绝不再退半步。但你无需如此，你留在此处，替我守好这辋川别业，若有些什么，你在这里也好有个照应。"

裴迪知道如今长安城危如累卵，随时有可能被叛军攻破，王维这样说，是不希望自己回去涉险。但是王维说的也并非没有道理，自己回长安城也于事无补，反倒是留守辋川，将来可以有个接应，于是犹豫了半晌，点了点头。他望着王维，郑重地行了个礼，道："你兄弟二人多多保重，且放心回去，我便留在这里，定不负所托！"

王维、王缙兄弟向裴迪回了个礼，然后便转身离去。三人都明白，这一别，恐怕再见就不容易了，故而心下都是一阵凄凉。

马车之中，王维看着窗外的群山渐渐向后退去，他知道接下来自己可能面对的是怎样的命运，想着想着，他倏然开口道："夏卿，你也莫要回去了。"

王缙一愣，不肯答应："阿兄你说的是什么话！是我来跟你说的此事，而今你自己要回去，却不许我回去！如今母亲也不在了，几个兄弟又都在外，你我二人相依为命，此事断然不可！"

王维将视线从山野慢慢转向王缙，坚定地道："你我兄弟情深，为兄自然明白。但现在家国有难，不是只顾个人情谊的时候，我回去是尽我的使命，而你有更重要的事情要去做。"

王缙不懂，开口问道："阿兄此言何意，莫不是有了什么筹谋？"

王维微微点头道："夏卿你不仅文笔过人，胸中亦有韬略。我虽从未领兵打仗，但从前在河西的时候，跟着河西节度使崔希逸也多少长了些见识。依我看来，这潼关是很难守住了，朝中又有杨国忠奸相当道，我也没有把握能说动圣人……"

"没有把握你还要回去，那我更不能舍你而去，母亲临终前可是交代过的，你教我如何……"

王维摆了摆手，接着道："夏卿你先听为兄把话说完，潼关虽然很难守住，但哥舒将军勇武过人，未必不能拖些时日，故而为兄必须回去尽力周旋，这是为臣子的本分。郭子仪、李光弼二位将军，素来治军有道，更堪大任，我早有耳闻，平定叛贼，恐怕多半要仰仗这二位将军了。夏卿你与其回到长安城坐以待毙，不如去跟随他们二位，尽些心力！"

王缙心下了然，点点头道："兄长倒是与我所见不谋而合，方今最有可能救大厦于将倾的，恐怕非这二位莫属了。我确实与李将军有些交情，若是去投奔他，或许也能助他一臂之力。"

王维欣慰地笑笑，道："如此甚好，如此，你我兄弟二人也算是为大唐尽了力，虽死无憾！"

"阿兄，你一个人孤身在长安城中，一定要自己保重，否则我无法心安！"王缙的眼神里透露出无限的关切之情。

王维宽慰他道："放心，为兄自会小心！"

马车出了辋川便一路疾驰，飞鸟掠过，白云飘散，辋川越来越远，而长安城近在眼前。

回到了长安城，王缙即刻申请调度。军中此时正是用人之际，很快便下来了调令。王缙连夜收拾了行装，对王维殷殷嘱咐了一番，骑上快马，扬鞭而去。王维站在门口，看着王缙远去的方向，伫立良久。

　　身居给事中之职的王维极言进谏，然而果不出所料，他的谏言没起到什么效果。哥舒翰在潼关原本守势尚佳，奈何安禄山用计，派老弱之兵上阵诱敌，军报传来，督战者斥责哥舒翰面对弱兵怯战，加上杨国忠与有心之人不住撺掇，玄宗不顾劝阻，勒令哥舒翰出兵，哥舒翰最终中了敌人之计，兵败如山倒。

　　很快，潼关失守，战火以不可阻遏之势袭向长安城。玄宗见势不妙，带着亲眷出逃，杨贵妃身死马嵬坡，玄宗一行奔向蜀地，安禄山的大军则攻破了长安城的大门，长安陷落。

　　原本歌舞升平、繁花似锦的长安城，如今彻底陷入了混乱之中，到处是泣血哀嚎，到处是逃命的百姓和胡作非为的叛军。

　　到了深夜，原本应该处在宵禁之中安宁的长安城，仍然没有丝毫平静，追逃杀戮之声不绝于耳。

王维身上带着细软，藏在金光门附近的群贤坊里，小心翼翼地躲避着叛军的搜索。

出了金光门，王维便可以逃离陷落的长安城了。他觑准了时机，奋力奔向金光门，然而，就在这时，一把明晃晃的长刀架在了他的脖子上。

"转过头来！"持刀的叛军对王维恶狠狠地斥道。长刀在颈，王维只好依言转过身来。叛军举着火把靠近王维，火光之下，有人立即便认出了他。

"这是个大官，时常在皇帝身边侍候的，从前我跟着在长安侍奉的时候，在骊山行宫见过他，诗画双绝，在长安城是个有名气的！"一个叛军头目在旁边喜出望外地叫道。

持刀的那个叛军也点点头，跟着兴奋起来："忙活了一晚上，终于抓到了个有用的，这下可以交差了。抓到了这么个大人物，恐怕有不少奖赏呢！"

王维慌忙道："二位误会了，我不是什么大官，不过是写写诗文、画些画罢了，上不得台面。抓了我这无用之人，莫说没有赏赐，少不得还要挨骂，二位便放了我去吧！"

"少废话！我们兄弟自然知道你有用无用，乖乖跟我们走便是，若是不从，小命休矣！"两个叛军连吓唬带强迫，带走了王维。

王维心知这一次在劫难逃，他忍不住回首看了看近在咫尺的金光门。离逃出生天只有那么一步，但就差这么一步，从此命运便截然不同。

身陷敌营

王维成了安禄山的阶下囚。安禄山对王维颇为欣赏，又想利用他劝降别人，便没有把他直接下狱，而是将他软禁在洛阳菩提寺。

王维一直喜爱的寺庙清净之地，如今却变成了禁锢他的牢笼。

夜色凄凉，王维坐在禅榻上，双目无神，面如死灰。禅房里死一般的寂静，惨白的月光从窗子照进来，人的影子在墙上被拉得很长。

突然，"吱呀"一声，禅房的门打开了，一个身着伪朝官服的人走了进来。

"怎么样啊，想得如何了？我们大燕皇帝惜才，怜你是个名士，好意想要赐你官职，你可莫要不识好歹！"

王维端坐在榻上，双目紧闭，不予理睬。来人气急败坏，便要上前用强，却见王维突然间浑身抽搐不止。

"休要装模作样，妄图蒙混过关！"伪官说着还想要威胁王维，但走近之后，却发觉王维的状况不对。伪官左思右想之下，只得叫了郎中。

"如何？"见郎中诊了脉，叛军喝问道。

郎中也是陷贼之人，平日里便听闻王维的诗名，心里十分佩服。他看出王维的病症有些蹊跷，看似疟疾瘖（yīn）病，恐怕是服了什么药。郎中出于恻隐之心，并没有将王维戳穿，而是思忖片刻，说道："这是瘖病，重者下痢不止，恐怕有性命之忧，需要用药静养，不能再受惊吓。"

伪官脸上现出狐疑的神色："好好地怎么得了这种腌臜病，你可知欺瞒我是何等罪过？"说着便抽出了腰刀。郎中只得求饶道："小老儿不敢有所欺瞒，依照脉象，确实是此症无疑。小老儿行医数十载，断然不会有错。"

"既然如此，那你便看顾着他，不能让他死

了，有事来报，否则你要你小命，听明白了吗？"伪官见他言语举止不似使谎，神色便缓和下来。郎中唯唯应诺。此人又对王维说道："你最好盼这病快些好起来，我们大燕可不养废人！"说罢便气呼呼地转身离开。

此时，王维才挣扎着发出了声音，对郎中致谢道："方才多谢您替维隐瞒，否则不堪设想。"

郎中摆摆手，说道："都是大唐子民，相互帮衬是应该的。只可惜小老儿没什么本事，只得听他们的吩咐。不过您这药用的分量也太重了些，恐怕是不好受的。"

王维有气无力地说："如今大唐危难，维无法慷慨赴死，已经是有愧，受这些苦倒是没什么，只不过这痢症腌臜，倒是要委屈先生了。"

郎中连连摇头："不妨事，不妨事，只不过郎君可要早做打算。我看这门口有五个彪形大汉手持赤棒，无论郎君使什么心思，恐怕都逃不出去了！"

王维一时也没了计较，挣扎着连连摇头，忍着药力发作的痛楚，哀叹不已。

王维做出染疾假象，期望逃脱伪职，但一直没有找到脱身之法。之后一个月的时间里，王维几乎无力行走，水米难进，面容枯槁，病骨支离，只是勉强留着一口气而已。

后来，王维的伎俩还是被叛军戳穿了，安禄山为了表现宽宥，倒并没有因此杀了王维。王维在无可奈何之下，接受了安禄山朝廷的伪职。

授官的那天，阵仗不小，王维内心却痛苦万分，只得强颜应对。那身官服穿在身上，如有千斤重，压得王维喘不过气来。

就这样，王维被困在洛阳，度日如年，每天都在盘算着如何才能逃走，但是一直想不出办法。

天宝十五载（756）的秋天，梧桐叶落，秋雨萧疏，在贼营中被困的时间愈来愈长，王维的心也一点点地往下沉，而这时的安禄山，却是越发有了帝王的架势。

这一日，安禄山召宴群臣，在洛阳神都苑的凝碧池畔大摆宴席，命一众被俘获的梨园弟子奏乐歌舞助兴。

清秋的夜晚，凝碧池灯烛高张，丝竹管弦的声音缭绕不绝，热闹非常。

然而，这些梨园弟子大都是玄宗身边的老人，被拘禁在这里，心下都有一些愤懑，乐声里不免有一些凄怆。安禄山越听越不对劲，喝令他们换个欢快的调子，众梨园弟子便干脆借机罢演。

安禄山大怒，拍案而起，要治众乐工的罪。这时一个乐工愤然站起身来，将琵琶摔向地面，破口大骂："你个贼胡篡权谋反，大逆不道，我雷海清等着看你不得好死！"

雷海清这样一喊，众乐工的反抗情绪都被激发出来，一时间群情激愤，原本丝竹飘飘的凝碧池之宴霎时间乱作一团。

安禄山命人当场击杀了雷海清，雷海清死状凄惨，众乐工都吓得停了下来，噤若寒蝉。

王维也在席间，眼看着一个乐工以身殉国，内心受到了极大的冲击，自感相形见绌，心里波涛汹涌。

安禄山没了宴饮的兴致，便遣散了众人，匆匆结束了宴席。

因池畔混乱，王维身边的叛军也前去控制场面，王维得空，便独自走到神都苑的一处僻静角落，稍作喘息，整理思绪。

王维抬头望着皎洁的明月，脑海里不断浮现出雷海清愤然砸摔琵琶以及被杀的画面。他也曾想过壮烈地以身殉国，但始终没有勇气，心中一直有愧，此时此刻，心底的痛苦翻涌而出。

就在此时，忽地传来了窸窸窣窣的声音，王维警惕地转过身去，试探地问道："何人？"

"是我！裴迪！"来人小声地回道。借着月光，王维看去，眼前的人一身白衣，正是好友裴迪。

王维陷在贼窟十月余，每天都生活在水深火热之中，日日挣扎在生死之间，精神几近崩溃，如今在贼营之中得见昔日挚友，不禁一下子落下泪来。

"摩诘兄，我是来救你出去的！"裴迪小声说道。

王维的内心自然是激动不已。身处无边黑暗之中，终于看到了光亮，看到了希望，如何能不动容？然而这份激动只一瞬，便被王维硬生生地压了下去。王维摇摇头，哽咽道："裴兄冒死来见的情义，维深感于心，今日能得见一面，已是上天垂怜。但是维身边贼人看得忒紧，如若维与你离去，不消片刻便会被发现，维不能陷你于险境之中。"

裴迪的眼中也有泪光闪动，他激动地道："我敢来此，自然是不怕涉险，你一片好意关照我，我又怎能舍你而去？"

二人说话之间，有人声传来，王维怕裴迪被叛军发现，匆忙塞给他一张小笺，道："来不及了，你快快离开，这首诗你帮我带出去，便是救了我了！"

说罢，不等裴迪反应，王维便迎着人声走了过去，裴迪无奈，也只得拿着纸笺离开。

离开神都苑，裴迪找了个安全清净的地方，展开纸笺，借着月色，动情地念出笺上的诗句："万户伤心生野烟，百官何日再朝天。秋槐叶落空宫里，凝碧池头奏管弦。"

裴迪念罢诗句，不禁摩挲着纸笺上的字迹，遥望神都苑所在的方向，自言自语道："摩诘啊摩诘，此诗我便是拼了性命，也会送出去，但盼你能平安无事，渡过难关！"

深陷贼营的王维依然日日忧愤，他只能在菩提寺内诵经礼佛，参禅悟道，希望可以得到些许解脱。

这一天，有人到菩提寺禅房请王维过府一叙。由于唐军奋力反击，叛军的日子也不好过起来，菩提寺的守备松懈了不少，而且来人也是伪职官员的僚属，守卫便不太提防，随了他们去。

王维认识来人，是同陷于安禄山之手的韦斌的仆从。韦斌与王维少时便是好友，当初王维假装染上痞病，韦斌就曾来探望，帮了王维不少忙。但身在贼窝，行动不像从前那样随意，后来二人便很少会面了。

而今韦斌的仆从又来相请，王维虽然欢喜，但心中莫名地有些不安。

入得韦家厅堂，但见韦斌已经备好了食馔等候王维。然而他面色苍白，勉力支撑着靠在几案之上。见到王维，韦斌脸上现出了一丝喜色。

王维慌忙走近询问道："韦兄你这是怎么了？面色竟会如此难看？"

韦斌摇摇头道："戴罪之人，愧生天地之间，摩诘不必为我忧心。我自知命不长久，所以贸然相请，见君一面，才好安然离去。"

王维赶忙劝道："韦兄莫要这样说。你我相交数十载，若是有什么难处，说与维知道，维定会全力相帮。"

仆从见韦斌这副样子，实在是不忍看下去了，啜泣着对王维说道："郎君，我家大人这些日子以来，忧愤在心，积郁成疾，前些日子郎中来看过了，说已是药石无效，命不久矣。但是大人得知此事之后，却十分高兴，说是'死得其所'，您快劝劝他吧！"

　　王维与韦斌处境相似，同样是被迫任了伪职，内心万分煎熬，韦斌的求死之心，王维完全可以理解，因此话到嘴边，却无论如何也说不出口。

　　韦斌却只是淡然一笑，道："摩诘兄莫要听他的，也莫要劝我，我已无心求生，当真是死得其所！"

　　王维方想开口再说些什么，韦斌却缓缓从腰间取下来一枚玉玦，颤颤巍巍地递给王维，道："摩诘兄日后若能够逃出生天，只需将此玉玦呈给圣人，以表斌的忠心，便是对斌最大的恩德！"

　　说罢，韦斌已是泣下涟涟，王维也不禁泪水纵横。韦斌用颤抖的右手勉力举起酒杯，对王维道："你我相交一场，死前还能与摩诘对饮，也算死而无憾了！"

　　王维泪眼蒙胧地举起酒杯，二人的手都不住地

韦斌举起酒杯："死前还能与摩诘对饮，也算死而无憾了。"

颤抖，酒杯轻轻相碰，酒水洒了大半。面对命运巨大的网，他们都无能为力，只能默默饮下杯中的酒。

第二天，王维在禅房内听说了韦斌身死的消息，他闭上眼睛，任凭泪水肆意落下。

不久，王维便听说了一个大快人心的消息，安禄山被儿子安庆绪杀死，叛军大势已去。

消息刚出来没多久，王维便发现菩提寺的守卫都渐渐散了，他第一次在没有任何限制的情况下走出禅房。终于自由了，但是陷贼近一年、身受伪职的王维却没有丝毫喜悦之情，他知道等待着自己的将会是什么，接下来要面对的事情更让人难堪，或许像韦斌那样体面地死去，是一种幸运。

静照独往

经过郭子仪、李光弼等李唐大将的奋战，唐朝军队终于收复了陷落的两京。安史之乱终于被平定了。

曾经在安禄山伪朝任过伪职的三百多名大小官员，都被羁押回长安，以曾任左相，并在安禄山伪朝做过中书令的陈希烈为首的高官皆被下了狱，而其他的文官则被羁留在了杨国忠的旧宅邸，王维也在其中。

杨国忠的旧宅在长安城的宣阳坊，紧邻着曾经歌舞升平的平康坊以及喧闹繁华的长安东市。

如今再次走进长安城，王维却成了阶下之囚，甚至可以说是大唐的罪人。王维从来不愿意接受安禄山的伪职，一直在努力抗争，可以说有其名而无其实。不过无论如何，毕竟他还是接受了任命，这个污点，他是无论如何也洗不掉的。

已近暮年、饱经沧桑、心中压着巨大道德包袱的王维，两鬓有些白了，在洛阳的这一年里，他的腰都有些弯了。看着历经浩劫、百废待兴的长安城，王维心下感慨，不仅是他，就连这岿然不动的长安城又何尝不是历经沉浮。

带着满心的感慨，王维随着众人来到了杨国忠的旧宅。在这些被羁押的大小官员里，有叫冤的，有求情的，还有哭闹的，然而无论他们如何挣扎，终究还是一个个被提去过了审，有的掉了脑袋，有的被流放，有的挨了板子，但是三百多人去得所剩无几了，还是没有轮到王维。

王维的心里十分煎熬，越是这种时候，他就越频繁地想起那些逝去的人，摔琴被杀的雷海清，忧愤而亡的韦斌，想到他们，王维觉得自己若是被判了死罪，也是应当应分之事。

宅子里几乎没什么人了，显得十分空旷，空旷得让人心里发慌。

正是深秋时节，院子里的树叶已尽数飘落，只剩秃枝，北风已经明显有寒意了，王维却穿着单衣，就那么站在院中，看着天空兀自发呆。

"不冷吗？"一个同样被羁押的官员问。

王维并不认识他，但同是天涯沦落人，王维友善地回道："比起洛阳的冬天，这里好得多。"

那人明白王维的言下之意，没有再说什么，而是问道："你知道这次定罪的规矩吧？一等斩首，二等赐酒自尽，三等杖刑，其余流放，一个都逃不掉。我听说前些日子已经斩了十八个，不知道我会是几等。"

说罢，那人苦涩而自嘲地笑了笑，王维没有说什么，只是默默地闭上了眼睛，等他再睁开眼的时候，那人已经被带走了，只留下了一个背影。

就这样，杨国忠宅子里只剩王维一个了，可王维没有等来带他去接受审问的人，却等来了自己的弟弟，王缙。

那一日，王维依然是穿着单衣在院子里站着，抬头看着天空，正在这时，他听到了有人叫了一声："阿兄！"

王维这才缓过神来，一转身，便看到了自己的弟弟王缙，那一刹那，王维的眼睛里噙满了泪水。

深陷贼营一年，每一天都仿佛一生那么长，与自己的弟弟再见面，恍如隔世。

与王缙一同前来的还有皇族宗子李遵，正是因为有他同来，王缙才能畅通无阻。李遵早年便与王维相交，但是王维却万万没想到，自己如今是戴罪之身，李遵竟然没有避而远之，反而来看望自己。

王缙与李遵快步走到了王维身边，王缙十分激动，眼睛里也满是泪水："阿兄，你受苦了！"

王维摇摇头，然后又向李遵点头示意了一下，嘴唇翕动了数次，终于问了出来："罪级定下来了吗，是死罪、杖刑还是流放？"

王缙眼带泪水笑了起来，使劲摇头道："没有，都没有，阿兄你没事了，我是来接你回家的！"

王维简直不敢相信自己的耳朵，自己接受了安禄山叛军的伪职，就等于背叛了朝廷，其他官员无论官职大小无一例外都被定了罪，自己没有理由无罪豁免。

"夏卿你无须骗我，我心中早有准备，戴罪之身，内心无比煎熬，定了罪对我来说或许是件好事。"王维看着王缙的眼睛，认真地说道。

"夏卿没有骗你，是真的。"李遵也十分激动。王维难以置信地看着他。

"真的没有，阿兄，你相信我！"见王维还是不信，王缙继续说道。

"这里不是说话的地方，夏卿，咱们先离开这里再说吧！"李遵这么一提醒，王缙也反应过来，连忙点头，与李遵一同引着王维走出了杨国忠旧宅。

李遵已经备好了车马等在外面。乘着马车，不多时，三人便到了东市。虽然经历了战火的摧残，有些屋舍还残留着被破坏的痕迹，人也少了许多，但是此时的长安东市，依旧算得上热闹，毕竟无论如何，日子还要继续。

三人找了家酒肆落座。王缙依然要了一壶虾蟆陵的郎官清，待酒上桌，王缙便给王维与李遵分别斟了一杯。再次喝到长安的郎官清，王维的心中五味杂陈，那些逝去的好友，痛苦的岁月，统统涌上心头。

"为什么？"王维喝了一口酒，继续问道，"究

王维心里五味杂陈，那些往事统统涌上心头。

竟为什么，圣人会免除了我的罪责？"

王缙也喝了一口酒，故作轻松地道："是因为阿兄的那首诗。"

"诗？什么诗？"王维一时没有反应过来，疑惑地问。

"阿兄你忘了？就是你托裴迪带出来的那首《凝碧池》诗，'百官何日再朝天'，阿兄你的心意，圣人都看到了。多亏了裴迪，阿兄你才能免此一劫。"

王维不信，摇了摇头。他知道仅凭一首诗，不可能免了此等大罪。

"不可能，你说实话，到底是因为什么？"王维见他不肯吐露实情，神色严肃起来。

王缙眼神有些闪烁，拗不过王维执意追问，只得道："那首诗确实起到了作用，我没有骗你，只不过除此之外，还有……"

"还有什么？"王维追问道。

见王缙不愿开口，李遵便替他答道："是夏卿以自己降职一级为代价，换取你免除罪责。再加上夏卿跟随李光弼将军平叛有功，故此圣人特意网开一面。"

王维一下子愣住了，看着眼前仅比自己小一岁的弟弟王缙，眼睛又模糊了："夏卿你……"他喉头哽咽，已经说不出完整的话。

王缙反而安抚王维道："阿兄莫要这样，官职是身外之物，以此换来阿兄你平安无事，再好不过，我心中只有欢喜。再说也是圣人看到了阿兄的一片赤诚，否则也不会应允。"

王维心里再次翻涌起来，老泪纵横："夏卿，是为兄对不住你……"

王缙使劲摇头，也十分动容："阿兄你千万不要这么说，你我是亲兄弟，没有什么对不对得住的！"

李遵看着二人兄弟情深的样子，也是十分感动，他赶忙笑着举起酒杯，道："今日摩诘无罪释放，实在是值得好好高兴一番，来，我们喝上一杯！"

王维与王缙赶忙收了眼泪，三人碰杯，阴霾终于过去了，一切仿佛又回到了从前。

王维不仅被赦免了罪责，还很快被重新授予了官职，转官太子中允，正五品，与原先的官职给事中同级。然而王维无法原谅自己，于是写了封请辞书《谢除太子中允表》，谢绝就任太子中允之职，但很快，朝廷又将王维官复给事中，后来王维更是官升一级，任尚书右丞。

但王维自己日日活在自责内疚之中，虽然仍在朝廷任职，但归隐之心更重，更多地在辋川寄情山水。

然而，即使身在辋川，王维内心的痛苦也没有一日停止过，雪上加霜的是，与自己相依为命的弟弟王缙，很快又被派到蜀地为官。

王维已近暮年，垂垂老矣，身体十分虚弱，与王缙分别的时候，他甚至没有勇气去送行，只是在自己的房间里，对着经案静坐，以禅坐化解内心的悲伤。

不仅王缙外任，裴迪也早已经离开长安到蜀地做官了，二人甚至都没有来得及见上一面。不过，裴迪走后，幸而有一个叫钱起的年轻人时常陪在王维身边，和他在辋川酬唱赋诗。除了钱起，偶尔也会有一些旧日的友朋前来看望王维。

每次在长安城与辋川之间往返，王维都能看到路上有许多逃难的百姓，心中不忍，于是给朝廷上了一封情真意切的《请施庄为寺表》，将辋川别业无偿改为僧寺，供穷苦之人暂时避难用。

站在辋川别业门口，王维的内心不是没有不舍，他对辋川别业的感情十分深沉，在这里他度过了人生中一段难得的平静岁月。

见王维依依不舍，站在一旁的钱起不解地问道："先生既然如此不舍，为何坚持要施庄为寺呢？"

王维没有立刻回答，而是抬头看了看不远处的终南山。群山之巅依然耸入云端，四周青山绿水，群鸟高飞，王维的眼前浮现出了当年与裴迪、崔兴宗、王缙以及一众友人在辋川别业诗酒唱和的美好画面。

想着想着，王维的脸上浮现出了笑容，他指着一个穿着粗布衣衫、抱着孩子走进辋川别业的老妇人，道："你看，这就是我要这么做的理由。我此生已没有太多指望，唯愿赎罪，如果能让百姓不受风雨冻馁之苦，便是值得！"

自此以后，失去了辋川别业这个心中桃花源的王维，总是带着孤寂与挥之不去的自责，或是寻访寺庙，或是在山水之间独行悟道，静照独往。

时光荏苒，王维似乎预感到了自己将不久于人世，于是字字情真地上了一封《责躬荐弟表》，愿自己降职，换取弟弟回京任职，朝廷答应了。不久，王缙寄来家书，说他已经动身，不日便会抵达长安。

初夏，夜已深，窗外唯有虫鸣唧唧，显得夜愈发静谧，王维独坐绳床，月光照着经案上的药臼、茶铛，也照在王维沧桑的脸上。

王维闭着双眼，一边守定参禅，一边念着王缙，盼望他早日回来。

忽地，一阵风吹来，门"吱呀"一声开了，王维睁开眼睛，仿佛看到王缙走了进来。

"夏卿！"王维喜出望外，想要起身迎上去，却只伸出手去，便再没半分力气。他脸上带着心满意足的笑容，离开了人世，终年六十一岁。

王 维
生平简表

● ◎ 武周长安元年（701）

───────────────────────

生于河东蒲州。

● ◎ 唐玄宗开元三年（715）

───────────────────────

离家赴长安。

● ◎ 开元九年（721）

───────────────────────

进士及第，官太乐丞，送綦毋潜落第还乡。

● ◎ 开元十年（722）

外放济州，为济州司仓参军。

● ◎ 开元十三年（725）

祖咏及第授官赴任途中，经过济州，王维留祖咏过夜，并送他前往齐州，赋诗作别。

● ◎ 开元十六年（728）

约于这年秋天返回长安。

● ◎ 开元二十二年（734）

献诗张九龄。

● ◎ 开元二十三年（735）

官拜右拾遗。

● ◎ 开元二十五年（737）

张九龄被贬荆州，其后王维奉命出使河西。

● ◎ 开元二十六年（738）

这年五月，崔希逸改任河南尹，王维也离开河西返回长安。

● ◎ 开元二十八年（740）

迁殿中侍御史，冬天，知南选，从长安出发，经襄阳、郢州、夏口至岭南。

● ◎ 天宝三载（744）

购置蓝田辋川别业。

● ◎ 天宝九载（750）

丁母忧，居辋川。

● ◎ 天宝十五载（756）

安禄山叛军攻入长安，玄宗出逃蜀地，王维为贼所擒，被迫接受伪职。

● ◎ 唐肃宗至德二载（757）

唐军收复东西二京，王维被囚于杨国忠旧宅，后因《凝碧诗》及王缙削官求情，被赦。

● ◎ 乾元元年（758）

复官太子中允，加集贤殿学士，迁太子中庶子、中书舍人，经常与杜甫、岑参等唱和，这年冬天将辋川别业施庄为寺。

● ◎ 上元元年（760）

转任尚书右丞。

● ◎ 上元二年（761）

这年春天，因王缙外任为官未还，王维上《责躬荐弟表》，七月去世，葬于辋川。